현대신서
133

종교에 대하여

존 D. 카푸토

최생열 옮김

東文選

종교에 대하여

John D. Caputo

ON RELIGION

I

신의 사랑

종교는 사랑하는 자를 위한 것이다

종교를 제목으로 한 저술은, 이런 유의 책 속에는 주목할 만한 주제가 없다는 나쁜 선입견을 깨뜨림으로써 논지 전개를 시작해 나가야 한다. 마치 딱 한 가지뿐인 것처럼 단수로서의 '종교' 개념은 그 어디에도 존재하지 않는다. 이 개념은 한 범주 안에 그것의 모든 속성을 적합하게 배열하기에는 종잡기 힘들 만큼 다가적(多價的)이고, 포괄이 불가능할 정도로 지나치게 다양성을 띤다. 유일신적이건 다신론적이건 서방 종교, 동방 종교, 고대 종교, 현대 종교, 그리고 심지어는 약간은 무신론적 종교조차 존재한다. 그 수는 헤아릴 수 없을 정도로 많고, 너무 많은 언어로 되어 있어 그것들을 배우고, 나아가 그것들에 정통하기란 불가능하다. 필자는 불평을 늘어놓거나 변명하려는 게 아니다. 참으로 포괄하기 어려운 '종교'의 다양성 자체가 종교적 사실이고, 종교 개념의 불포화성을 지시해 준다. 논지를 개시하려 하는 입장에서는 어느 지점에선가 시작을 해야 한다. 나는 '절대적 출발점'을 제시하며 시작하지도, 그것을 지향할 마음도 없다. 다만 무언가를 드러내 놓으려는 취지를 갖고 있다.

이에 나는 종교 개념을 단순하고 무한하며 구식풍의 것으로,

즉 신에 대한 사랑으로 규정짓고자 한다. 그렇지만 '신의 사랑'이란 표현은 약간의 추가 설명을 필요로 한다. 이 표현만으로는 약간 공허하고, 나아가 조금은 경건한 체하는 느낌을 받는다. 좀 더 기술적으로 묘사하자면 이 표현은 치아 부분이 결여되어 있다. 그래서 우리가 자문할 질문은 아우구스티누스가 《고백록》에서 독백했던 내용, "내가 신을 사랑할 때 나는 무엇을 사랑하는가?" "신이시여, 내가 당신을 사랑할 때 내가 사랑하는 것은 무엇입니까?"이다. 또는 아우구스티누스의 두 고백 내용을 합성하여 "내가 나의 신을 사랑할 때 나는 무엇을 사랑하는가?"이다. 서두에 이러한 글귀를 접하면서 아우구스티누스가 나의 영웅으로 자리잡았음을——비록 그가 때로 주교로서 분격한 심정(그는 비정통에 대해 혐오했던 전형적인 주교였다)으로 서술한 내용이 일부 비정통적으로, 그리고 포스트모던적으로 곡해될 소지를 담고는 있지만——말하고 싶다.

나는 이 질문이 소금 정도의 가치가 있는 자는 누구나 신을 사랑할 것이라는 의미를 함축하고 있다는 이유로, 이 질문을 덜 좋아하지는 않는다. 만약 당신이 신을 사랑하지 않는다면 당신은 무슨 쓸모가 있는가? 당신은 지나치게 비속한 자기애나 자아 중심에 사로잡혀 하등의 가치도 지니지 못하게 된다. 당신의 영혼은 기껏 다우존스 주가 평균이 곤두박질해야 쓰라림을 겪는다. 새로운 세금안이 부결될 전망이 나올 경우에나 당신의 심장은 뛴다. 악마가 당신을 사로잡는다. 악마는 이미 당신을 점하고 있다. 종교는 사랑하는 자, 열정을 지닌 자, 이윤을 취하는 것 이외의 다른 것에 정열을 지닌 실제적 인물, 무언가를 믿고 무언가를 미친 사람처럼 희구하는 자, 이해를 초월한 사랑으로 무언가를 사랑하는 사람을 위한 것이다. 한 유명한 사도에 따르면(〈고린도 전서〉, 13:13) 믿음과 소망과 사랑 이 세 가지 중 제일은 사랑이 다. 하지만 그들은 무엇을 사랑하는가? 내가 나의 신을 사랑할 때 나는 무엇을 사랑하는가? 그것이 그들의 문제이며, 나의 질문 이다.

종교적인 사람의 반대는 사랑 없는 사람이다. "사랑하지 아니 하는 자는 하나님을 알지 못하나니."(〈요한일서〉, 4:8) 필자가 '세속적인' 사람을 일컫는 게 **아님**을 주목하라. 그 이유는 내가 '포스트세속적'이거나 '종교 없는 종교'로 지칭한 것의 이름으 로 종교적인 것과 세속적인 것 간의 통상적 구분을 혁파하려 하 기 때문이다. 보통 종교인으로 간주되는 사람 중 적지않은 사람 이 다른 계열의 직업을 찾아보아야 한다고 주장하는 한편, 나는 세속인 범주에 속한 상당수 사람을 종교 안에 포함시키고자 한 다——사실 이러한 측면은 주교의 경고를 흘려 버리려 하는 나 의 비정통적 경향에 속한다. 상당수의 세속인이 무언가에 심취 하여 그것을 사랑하는 반면, 종교인 범주의 사람들 상당수가 자 신의 방식으로 행하고 타인을 자신의 뜻대로 행하게 하려 하며 ('신의 이름으로') 그 어느것도 사랑하지 않는다. 어떤 사람들은 신학이나 종교가 있건 없건, 심오하고 밀도 있게 '종교적'일 수 있다. 종교는 종교와 더불어서, 그리고 종교 없이도 발견될 수 있 다. 그것이 나의 지론이다.

결과적으로 종교적인 사람의 실질적인 반대 대상은 이기적이 고 소심한 노랑이, 자신의 외양에 대한 생각 너머의 고차원적 만 족을 전혀 알지 못하고 몰인정하며 버릇없는 사람, 자신의 상호 기금 이외에는 어느것도 사랑할 에너지를 갖추지 못한 용렬한 사람들이다. 철학자들은 이러한 사고를 남용적인 규정이라 여기겠지만 나는 이에 대해 전혀 꺼리지 않는데, 왜냐하면 내가 혹평하는 사람들은 그런 말을 들어 마땅하기 때문이다. 그들은 신을 사랑하지 않는다. 이보다 사악한 사실이 어디 있겠는가? 당신은 그들을 변호해서 무엇이라 말하겠는가? 만약 당신이 그럴 수 있다면 자신의 이름으로 책을 써서 그들을 변호하라. 이 책은 신을 사랑하는 사람, 즉 소금 가치가 있는 사람들을 위한 책이다. 《신약성서》의 곳곳에는 소금에 대한 언급이 나와 있다.(〈마태복음〉 5:13; 〈마가복음〉 9:50; 〈골로새서〉 4:6) 소금은 진리의 기준이고, 나는 사랑을 소금의 기준으로 여긴다.

그러나 만약 종교의 반대인 무종교(irreligion)에 대한 나의 정의가 가혹한 면이 있다면 종교, 즉 '신의 사랑'에 관한 나의 정의는 약간은 아첨하는 듯하고 경건하게 들릴 것이다. 신의 사랑은 나의 북극성이지만 이 표현은 첫말도, 끝말도, 완성하는 말도 아닌 단지 출발점만을 나에게 제시해 줄 뿐이다. 보는 섯은 아우구스티누스의 아름다우면서도 자극적인 질문, "내가 나의 신을 사랑할 때 나는 **무엇을** 사랑하는가?"에 대면하여 스스로 수행하는 바에 달려 있다. 사랑은 도량형이다. 모든 역사적·사회적 구조, 시간의 흐름과 더불어 창조되고 생기되며 만들어지고 형성된 모든 것——그 어느것인들 그렇지 않겠는가?——이 신의 사랑과 견주어 측정되어야 한다. 종교조차——**특히** 종교는——역사적이고 제도적인 형태를 취하는 한에 있어서, 그것이 스스로의 종교적 소명——신의 사랑——에 얼마나 충실한지를 검증받아야 한다. 신의 사랑 **자체**는, 만약 우리가 이토록 아름답고 귀중한 보석을 발견할 수 있다면 비판을 초월해 있다. 나는 신의 사랑 **자체**에 관한 어떠한 비판도 듣지 않을 것이다. 나는 차라리 나의 귀를 자를 것이다.

그렇다면 사랑에 대해 말해 보기로 하자. 어떤 것을 '**사랑함**'은 무엇을 의미하는가? 만약 한 남자가 한 여성에게(이 질문을 다른 방식이나 순서로 물어도 상관없다) "당신은 나를 사랑합니까?"라고 물어본다면, 그리고 상대 여성이 이마를 찡그리며 "어떤 점으로는, 어떤 상황에서는, 어느 정도로는"이라고 대답할 경우, 그녀가 이 불쌍한 사내에게서 느끼는 것이 무엇이건 그것이 사랑이 아니며, 이 관계가 제대로 유지되지 못할 것임을 우리는 확신할 수 있다. 왜냐하면 사랑이 도량형이라 할 경우 사랑의 유일한 잣대는 잴 수 없는 사랑이기 때문이다.(또다시 아우구스티누스의 표현) '사랑'이란 말 속에 포함된 관념 중 하나는 그것이 보상 없이 주는 것, 과도할 정도의 사랑이라 할 만한 '무조건적' 행위이다. 내과 의사들은 우리에게 절제 있게 먹고 운동하면서 과도하게 행하지 말 것을 조언한다. 그러나 적절한 수치를 헤아려 가며(퇴락적인 '신시대'의 심리학에서 종종 권고하는 바대로) 어느 정도까지만, 최대로 딱 그 정도까지만 절도 있게 사랑하는 방식에는 별 장점이 없다. 만약 한 여성이 남편이 직업적으로 실패하고, 그녀가 결혼 당시 그에게 품었던 봉급 기대치를 충족시키지 못하며, 그가 자신의 '거래' 몫을 다하지 못한다는 이유로 그와 이혼하려 한다면, 그것은 혼인 서약에서 양 당사자가 죽음이 아니면 자신들을 갈라 놓을 수 없다고 언약하는 그런 종류의 사랑은 아닌 것이다. 사랑은 거래가 아니고 무조건적 베풂이다. 그것은 투자가 아니라 행위이다. 사랑하는 사람들은 자신의 의무를 초과하여 행하는 자, 자신에게 요구되는 것 이상의 것을 행할 방법을 찾아보는 자이다. 만약 당신이 당신의 일을 사랑한 다면, 당신은 작업상 요구되는 최소치만을 이행하려고는 하지 않을 것이다. 당신은 더 많이 행한다. 당신이 사랑하는 자녀에게 못해 줄 게 무엇이 있겠는가? 만약 아내가 남편에게 부탁을 하고, 그녀의 남편이 결혼 계약의 엄격한 측면에서 사실상 그것을 행할 의무가 없다는 이유로 거절한다면 그 결혼은 서류상의 결혼에 그치고 말 것이다. 사랑하는 사람들은 엄격히 자신의 권리를 방어하기보다는 그들의 사랑을 지키기 위해 스스로 비난을 감수할 준비가 되어 있다. 사도 바울은 만인의 심금을 울린 사랑의 찬송에서, 사랑은 오래 참고 온유하며 교만하거나 자랑하지 않는 것이라 말하였다. 그것은 모든 것을 참고, 믿으며, 바라고, 견뎌낸다.(《고린도전서》, 13) 사랑 없는 세계는 엄격한 계약과 냉혹한 의무에 의해 규제되고, 법률가들이 온통 활개치는——신은 이를 금하신다——세계이다. 진정으로 사랑하는 사람이나 대상의 표식은 무조건성이고 과잉성이며, 약속이고 이행이며, 불이고 열정이다. 그것의 반대는 뜨겁지도 차갑지도 않고 평범한 수준으로 미적지근한 용렬한 사람이다. 구할 가치도, 소금의 가치도 없는 인간인 것이다.

그렇다면 신에 대해서는 어떠한가? 신을 사랑함은 어떠한가? 이 책에서 나의 주요 논점 중 하나는 《신약성서》의 말씀대로 ‘신은 사랑’이기 때문에 ‘사랑’과 ‘신’은 함께한다는 것이다. “사랑하는 자들아 우리가 서로 사랑하자. 사랑은 하나님께 속한 것이니 사랑하는 자마다 하나님께로 나서 하나님을 알고…… 사랑 안에 거하는 자는 하나님 안에 거하고, 하나님도 그 안에 거하시느니라.”(《요한일서》, 4:7-8, 16) 그것이 나의 아르키메데스적 발견이고, 나의 진정한 북극성이다. 하지만 "신은 사랑이다"라는 말이 얼마나 쉽사리 "사랑은 신이다"라는 말로 변질해 나가는지를 새겨 보라. 이러한 변질은 자극적이면서 과도하게 중요하고 생산적이라는 모호한 느낌과 동시에 '사랑'과 '신' 간에 일종의 대체와 환원이 항시 가능하다는 느낌을 자아내는데, 나는 이 점에 대해 앞으로(그리고 그 길을 따라 주교 몇 분의 이마를 찌푸리게 하면서) 탐색해 나갈 것이다. 사랑이 신의 최초 이름이기 때문에, '신의(of God)'란 표현 또한 사랑하는 자들에 대한 최상의 이름이 된다. 신을 사랑함은 심도 있게, 그리고 무조건적으로 무언가를 사랑하는 것이다. 하지만 심령을 다해 무조건적으로 사랑한다 함은 신에게서 나고 신을 사랑함을 의미하는 것도 사실인데——이러한 변질 내지 전도를 막는 것은 불가능하다——왜냐하면 신의 이름이 사랑의 이름, 즉 우리가 사랑하는 것의 이름이기 때문이다. 그렇기 때문에 나는 이러한 사고에 대한 비판에 귀 기울이지 않으며, 신을 사랑하지 않는 자들이 사랑 결핍의 골칫덩이라고 여긴다. 또 바로 그러한 이유로 가장 중심적이고 치열한 문제는 내가 신을 사랑하는지, 또는 사랑할 신이 존재하는지의 여부가 아니라 "내가 나의 신을 사랑할 때 나는 **무엇을** 사랑하는가?"이다.

그런데 우리가 '신을 사랑할 때' 그것이 의미하는 바에 관한 통찰을 얻기 원할 경우 그 출발점은 어딜까? 나는 항시 출발할 준비가 되어 있다. 이 질문은 오래전부터 제기되었던 것이고, 또한 우리를 움찔하게 하는 것인데, 나의 충고는 다음과 같다. 동정녀 마리아가 가브리엘 천사로부터 그녀가 아이를 잉태할 것이라는 말을 들었을 때, 마리아의 첫 응대는 〈누가복음〉에 따르면 미혼모가 될 예정의 여성이 말할 것으로 예상되는 말이었다. "당신께서는 무슨 말씀을 하시는 겁니까?" 당신이 천사이건 아니건 분명히 말하건대 "그것은 불가능합니다."(완곡히 표현하여) 이 말에 가브리엘은 대천사의 특징적 풍모를 담고서 심려하지 말라, "대저 하나님의 모든 말씀은 능치 못하심이 없느니라"(〈누가복음〉, 1:37)고 응답하였다. 마리아가 말한 두번째 내용은 "저 여기 있습니다" "말씀대로 내게 이루어지이다," 간략히 말해 '예, 예'였다. 나는 나중에 '예'라는 말을 다시 살펴보게 될 것인데, 나는 이 말을 중요하고 매우 종교적인 관념으로, 그리고 또한 신의 관념과 긴밀히 연관된 것으로 간주한다. 다만 현재로선 '능치 못함이 없다'는 표현과 '신'을 연관시킨 누가의 말에 관심을 기울이고자 한다. 신과 더불어 모든 것, 매우 놀라운 것, 심지어는 '믿을 수 없는'(가장 믿음을 필요로 하는) 것, 그리고 '불가능한' 것(신이여 우리를 도우소서)조차 가능하다. 예수 그리스도는 부자가 '신의 왕국'에 들어가기란 낙타가 바늘구멍에 들어가는 것보다 더 어렵다는 이야기를 한 후, "사람으로는 할 수 없으되 하나님으로는 그렇지 아니하니 하나님으로서는 다 하실 수 있느니라"(〈마가복음〉, 10:27)고 부언하였다. 그래서 신을 사랑한다는 관념 추구의 시발점으로서 누가와 마가뿐 아니라 나에게 이와 밀접히 연관된 것으로 여겨진 것, 즉 '불가능한 것'을 보다 면밀히 살펴보자.

불가능한 것

내가 '불가능한 것'이라는 말을 통해 의미하는 바를 설명하기 위해서는 먼저 '가능한 것'의 의미를 설명할 필요가 있고, 가능한 것을 설명하기 위해서는 가능한 것의 영역인 '미래'에 관해 말할 필요가 있다. 우리는 미래가 '밝고 전망 있기를' 원한다고 말한다. 미래의 힘은 현재가 우리에게 눌어붙거나 우리를 완전히 폐쇄하지 못하게 한다. 미래는 새로운 것의 가능성, 다른 것에 대한 기대, 현재를 다른 것으로 변화시킬 무언가를 우리에게 약속함으로써 현재를 비집어 연다. 여기서 한 가지 구분을 해보자. 상대적으로 예측 가능한 미래, 우리가 계획하는 미래, 우리 모두가 열심히 일할 미래, 우리가 은퇴를 대비하거나 회사팀이 장기 계획을 마련할 때 염두에 두는 미래가 있다. 그것을 '미래의 현재'라고 부르고자 하는데, 나는 이 말에 의해 현재의 미래, 현재의 경향성을 따르는 미래, 우리가 다소간 다가올 것으로 예상하는 미래로 나아가려는 현재의 타성을 의미한다. 나는 이러한 미래를 가벼이 처리할 의도는 추호도 없다. 제도적 장기 계획, 은퇴 계획, 생명 보험 증권, 자녀의 미래 교육 계획, 이 모든 것들은 매우 중요하며 이런 계획들 없이 살아가는 것은 어리석고 무책임하다. 하지만 또 다른 미래, 미래에 대한 또 다른 생각, 또 다른 미래——주의 날이 밤에 도적같이 이를 줄을 너희 자신이 자세히 앎이라(《데살로니카전서》, 5:2); 현재의 안락한 기대의 지평을 흔들어 버릴——와의 관련이 있다. 이를 '절대적 미래'로 부르기로 하자. 상대적 미래, 즉 미래의 현재와 관련될 때에는 우리가 '합리적 기대'나 '신중한 낙관성'을 품게 되지만, 절대적 미래와 관련해서는 우리가 뿌리지도 거두지도 않는, 그리고 신이 제공하는 것과 함께 기꺼이 나아가는, 들판의 백합처럼 되어야 함을, 즉 온갖 것에 대비해 두어야 함을 의미한다. 상대적 미래에 대해 우리는 선한 마음, 고급 컴퓨터, 생활 지혜, 이 세 가지를 필요로 한다. 절대적 미래에 대해서는 소망·믿음·사랑, 이 세 가지가 필요하다.

'절대적 미래'와 더불어 우리는 우리가 어찌할 바 모를 정도로 우리를 초월한, 그리고 우리의 힘·잠재력과 처리 능력을 초월한, 무언가를 향해 부딪쳐 나가면서 완전히 확장된 가능한 것의 한계로까지, 달리 말해 오로지 믿음·소망·사랑의 위대한 열정만이 우리를 끌어올릴 수 있는 지점에까지 밀려 다다르게 된다. '절대적 미래'와 더불어 우리는 처음으로 '종교적인' 것의 해안에 발을 디디며, 종교적 열정의 영역으로 들어가고, 뚜렷이 '종교적인 범주'를 각성하게 된다. 이 점을 명백히 해보자. '종교적인'이란 말에 의해 나는 스티븐 킹의 소설 속에 전개되는 초자연적 사건이나 천사와 같은 초자연적 존재의 특이한 방문을 의미하는 게 아니다. 물론 그런 일이 바로 누가의 마리아에 대한 수태 고지 이야기에서 나오지만 그것은 위대한 종교적 담화의 한 기능이며, 이런 담화들에서 우리는 인간적 경험을 통해 감동적이고 잊혀지지 않는 이야기나 훌륭한 종교적 인물들에게서 확장적으로 나타나는 우리 삶의 규정적 특성을 추출해 낸다. 그러나 삶에 대한 종교적 느낌을 갖는다는 것은 예술적이거나 정치적인 감각, 또는 소금 (이상의) 가치가 있는 누군가에 속한다는 경험을 갖는 것처럼 다른 기본적인 것들과 함께 배열되어야 할 우리 삶의 기초적 기본 구조에 해당한다. 그것은 이방인에 의해 유괴될 염려와 같은 것이 아니다. 삶에 대한 종교적 느낌은 우리 **모두가** 갖는 것으로서 '절대적 미래'가 미래의 기본 구비 요소를 구성하는 미래로 되는 것과 연관된다. 그러므로 '일요일' 아침 교회에 가는 '종교적인 사람들'을 집에 머무르며 《선데이 뉴욕 타임스》를 읽는 무종교적인 사람들과 구분하는 대신에, 나는 오히려 사람들 속에서, 우리 모두 중에서 종교적인 사람들을 말하고자 한다. 나는 '종교'라는 용어를 정치적이거나 예술적이 되어간다는 것과 같은 맥락으로 인간이 종교적이 되어감을 의미하는 것으로 사용한다. '종교적인 사람'이란 말에 의해서는 인간 경험의 기본 구조, 나아가 인간 경험을 실제로 일어나는 어떤 경험으로서 느끼게 하는 바로 그것——내가 보여 주길 희구하는——의 기본 구조를 의미한다. 비록 세계의 위대한 종교들이 중요하고, 그것들 없이는 우리가 종교적 범주들과 실천 사항을 파악할 수 없게 됨을——이는 우리가 근본적인 것을 상실함을 의미한다——즉각적으로 부가할 필요가 있겠지만 나는 종교를 모슬렘이나 힌두교도, 가톨릭교도나 프로테스탄트처럼 고백적이고 분파적인 것으로 한정하지 않는다. 그리고 재차 우리는 종교적인 생활감이, 마치 그것이 어떤 종류의 공통된 반역사적·보편적·초월적 구조를 지니고 있는 것처럼, 결코 모두에게 동일한 것을 의미하지 않음을 스스로 상기할 필요가 있다.

　절대적 미래와 같은 관념과 더불어 현재의 범주, 예측 가능한 미래, 현재에 대한 실현 가능한 전망, 우리의 통제 영역, 우리가 손이 미치는 인식 가능의 영역을 넘어서서 보다 암흑에 휩싸이고 불확실하며 예측 불가능한 영역, 그리고 '문자 그대로 신만이 알고 계시는' 영역으로 움직이고 밀려간다. 여기서 우리는 기껏해야 지팡이 든 장인처럼 급작스럽게 우리를 놀라게 할 무언가에 대비하도록 애쓰면서, 즉 대비될 수 없는 것에 대비하도록 힘쓰면서 불확실하고 일관되지 못한 채 우리의 길을 더듬어 느낄 수 있을 뿐이다. 우리는 회사의 경영진을 초조하게 만들 그런 종류의 것, 인지 불가능의 영역으로 모험을 감수하며 합리적인 계획 방법들의 경계를 넘어간다. 절대적 미래는 추세의 흐름을 고려하는 투자 전략을 기획하는 데 많은 도움이 되지 않는다. 그럼에도 불구하고 모든 펀드매니저가 궁극적으로 발견하듯이, 그것은 환원 불가능하게 시간 속의 삶의 구조에 속한다. 그것은 그 가능성을 우리가 탐지할 수 없는 불가능의 영역이다. 하지만 물론 동정녀 마리아의 수태 이야기처럼 불가능한 일이 일어난다. 그래서 그것은 'p이면서 p가 아닌' 것처럼 모순이 되어 단순하거나 절대적으로 불가능한 게 아니라, 프랑스 철학자인 자크 데리다가 가능성을, 우리가 예측하지 못하고 할 수도 없는 것, 눈으로 보이지도 귀로 들리지도 않으며, 인간의 마음속으로 결코 들어오지 않는 것(《고린도전서》, 2:9)을 의미하여 표현한 '불가능한 **것**'으로 지칭한 것에 해당한다. 따라서 나는 역시 데리다가 지적한 대로 우리가 불가능한 것에 대한 생각을 다시 해보고 불가능한 것의 가능성, '가능하지 않은 것(im-possible)'으로서 가능한 것과 불가능한 것의 가능성을 성찰하며 신을 '불가능한 것이 가능하게 되는 것'으로서 고찰해 보기를 솔직히 권면한다.

불가능한 **것**은 정의상의 종교적 범주——종교의 구성 요소를 이루는——이다. 그리고 이것이 이 연구의 중심 모티프이다. 로마의 희극 작가 테렌티우스는 우리가 희구하는 일이 불가능하게 된 이래, 만약 우리가 단지 가능한 것만을 추구한다면 평화를 얻을 것이므로 종교를 포기할 것을 권고한 바 있다. 가브리엘이 깜짝 놀란 동정녀에게 말한 바대로 신과 함께라면 모든 것, 심지어는 불가능한 것조차 가능하다. 보다 대담하게 표현하자면 불가능한 것이 신에게는 신성한 일상 작업의 전 부분인데, 애초에 신의 일에 대한 규정 자체가 그러하다. 물론 동정녀의 경우가 우리들에게 일상적 일의 전 부분은 아니며, 성경은 일상 속의 기적, "그것은 기적이야"라는 말이 우리 입에서 절로 나오게 하는 크고 작은 예측 불가능한 사건들에 대해 말해 주고 있다. 신의 이름은 변화할 미래에 절대적으로 새로운 것, 새로운 태생, 기대, 희망, 희망에 반한 희망(hope against hope)을 위한 기회(〈로마서〉, 4:18)에 대한 이름이다. 그것 없이는 우리가 희망 없는 상태가 되며, 합리적인 경영 기법에 의해 흡수당하고 만다. 하지만 그 기회는 위험이 없지 않은데, 왜냐하면 누가 현관문을 두드리려 오는지 우리가 결코 알 수 없기 때문이다. 그것은 가브리엘일 수도, 악마일 수도 있다. 절대적 미래에서는 절대적 보장, 계약, 보증이 없다. 절대적 미래에서는 많은 위험이 있고, 믿음과 소망 그리고 사랑이 시계추를 작동시켜야 한다.

나는 불가능한 것을 **경험**이 되도록 만드는 것, 그것을 진정으로 '경험'의 이름에 가치 있게 만드는 것, 무언가가 실제로 '일어나는' 기회——정규적인 관례나 아무것도 실제로 진행되지 않는 단조로운 생활의 시계침 소리와는 대조적으로——로 본다. 불가능한 것은 삶에 소금을 제공해 준다. 그렇지만 만약 불가능한 것이 어떤 실제적인 경험, 경험 그 자체의 조건이라면, 그리고 만약 불가능한 것이 규정적인 종교적 범주라면 이제 여러분을 침대 밖으로 끌어내 줄 어머니가 더 이상 존재하지 않게 되어, 일요일 아침 스스로 마지못해 교회로 향하든 그렇지 않든 간에 결과적으로 모든 경험 그 자체가 종교적 성격을 내포한다는 결론이 유도된다. 종교적 경계에 놓인 경험, 삶이 가능한 것과 불가능한 것의 경계의 기로에 서 있다는 느낌은 주교·랍비·이슬람 학자가 함께하건 안하건 종교적 구조 내지 우리 모두의 종교적 속성을 구성한다. 바로 이같은 이유로 나는 내가 여기서 변증하려 애쓰게 될 주된 생각을 '종교 없는 종교'(데리다의 또 다른 구절을 차용하자면)라는 말로 표현하고자 한다.

현재, 그리고 미래—현재는 우리의 힘·능력·가능성의 범주에 속한다. 여기서는 우리의 지식에 비례하고 규모에 맞춰 나눠지는 식으로 상황의 조절이 가능하기에 결과적으로 우리는 현재에 무엇을 해야 하며, 미래에 무엇이 가능한지 알고 있다. 여기서 우리는 냉정함과 인내심을 갖춘다. 이것은 중세 신학자들이 '주요' 덕목으로 지칭한 것, 즉 '신중·징의·인내·관용'의 네 가지 엄격히 철학적인 덕목——인간 삶의 버팀목이 되는 네 다리(cardines)——의 영역이다. 이 덕목들은 평정심을 갖춘 최상의 훌륭한 사람들(아리스토텔레스가 'phronimoi'라 부른)의 덕목들이다. 즉 실용적 지혜, 통찰력과 실제적인 노하우를 겸비하고 무엇이 무엇인지 아는 바탕이 견고한 사람들(그리고 그는 **남자들**을 의미하였다), 최상의 학교를 다녔고 아리스토텔레스가 정한 서열 목록에서 밑자리를 차지하는 우리들 나머지를 지도해 나가는 수단을 갖춘 사람들을 말한다. 그렇지만 우리의 바탕이 확실하지 않을 때, 우리의 힘과 능력이 한계점에 다다를 때, 불가능한 것이 가능성을 보이는 한계 상황에서 조정이나 예측할 수 없는 무언가에 직면하여 압도당할 때 우리는 우리 자신의 가능성의 한계와 불가능함을 체험한다. 그렇게 되면 신앙·희망·사랑을 희구하여 무릎을 꿇고 미친 사람처럼 기도하며 흐느낀다. 이런 상태를 신학자들은 '신학적 덕목'이라 부르는데(어느 정도 배타적으로), 그들은 이 말에 의해 우리가 불가능한 것을 상대하는 데 이르렀음을 의미한다. 이 한계 상황들의 영역에서 우리는 믿을 수 없는 것처럼 보이는 것을 믿도록 요청받는다. (마리아나 아브라함이 모리아 산으로 걸어갔음을 상기해 보라.) 왜냐하면 결국 매우 믿기 어렵거나 최소치만의 믿음을 요구하는 것처럼 보이는 것과는 대조적으로 믿을 수 없거나 믿는 것이 불가능한 것처럼 보이는 것을 믿는 것, 바로 그것이 신앙이기 때문이다. 만약 당신이 그리스도께서 말씀하신 대로 진실한 신앙심을 갖고 있다면 당신은 산에 대고 '여기서 저기로 옮기라 하여도 옮길 것이오'라고 말할 수 있으며, 그것은 옮겨질 것이다; 또 너희가 못할 것이 없으리라."(《마태복음》, 17:20) 그래서 또한 모든 것이 무력해 보일 때 희망하는 것, '희망에 반해 희망하는' 것이야말로 평범한 사람이 희망하는 기묘한 일이 벌어질 때 갖게 되는 낙관성과는 대조적으로 진정한 희망에 해당한다. 마지막으로 공주와 사랑에 빠진 거지처럼 우리가 넘볼 수 없는 누군가를 감연히 사랑하는 것은, 또는 그토록 찬탄할 만한 누군가가 우리를 사랑한다고 여기는 것은, 또 이처럼 불가능한 상황에서 사랑하는 것은 소금의 가치가 있는 사랑에 해당한다. 이보다 훨씬 더 역설적인 극단으로 나아가거나, 도저히 사랑할 수 없는 누군가를 사랑하는 것 또한 그러하다. 결국 사랑스러운 사람을 사랑하거나, 우리의 친구 혹은 우리가 멋있다고 말해 주는 사람들을 사랑하는 일은 별 특별한 일이 아니다. 그러나 사랑이 불가능한 사람, 우리를 사랑하지 않는 사람, 우리의 적을 사랑하는 일은 바로 사랑이다. 그것은 불가능한데, 그런 이유로 우리는 그것을 더더욱 사랑한다. 그래서 감각적 토대 위에 서 있지 않은 사랑·소망·믿음의 생활은 별 노력 없이 앞뒤로 흔들어대도 쉽게 모든 것이 확인되는 단단한 기초를 갖춘(비록 그것이 훈련을 필요로 한다 할지라도) 아리스토텔레스적 phronomoi의 생활보다 더 소금이 되고 열정적이며 생명의 가치가 있다.

오용될 위험을 감수하면서 내가 말하고자 하는 종교는 혼란을 느낀 사람들을 위한 것이다. (즉 사랑하는 사람들을 위한 것이다.) 종교 안에서 시간 자체는 항시 뒤죽박죽의 상태에 놓인다. 우리가 자신의 의지를 버리고 진행되는 대로 내버려둘 때, 우리의 능력을 초월하고 우리의 토대를 치워 버리며 우리의 한정된 잠재력과 대결하는 어떤 것을 상대로 마주하게 된 것을 발견할 때 종교적 생활감이 일깨워신다. 우리가 불가능한 것의 목소리, 불가능한 것의 가능성에 의해 유도될 때, 예측 불가능하고 절대적인 미래에 의해 진작될 때 종교적 생활감이 목전에 떠오른다. 여기는 우리의 지식이나 의지에 따라 일이 전개되지 않고, 조준되지 않는 영역이다. 우리는 우리의 활동 영역 바깥에 놓인다. 이것은 우리의 영역이 아닌 신의 영역이고, 불가능한 것의 영역이며, 신이 통치하는 신의 '왕국'이다. 진행 상황속의 어떤 성분이 우리의 인식을 넘어서고, 우리의 접근을 어렵게 하는지를 나는 알지 못한다. 여기서는 최적합의 계획을 초월하는 우연적 속성, 우리가 볼 수 없는 어떤 미래, 보이는 것으로부터 철수함으로써 우리 자신으로부터 우리를 끌어내는 무엇,

우리가 기도하고 흐느끼며 염원하는 일들이 다반사로 작용한다. 그리고 우리의 현실감과 그것의 작용 범위가 제약받는다. 가능한 것과 불가능한 것에 대한 감각이 흔들리고 불안정해지며 일정치 못하고 불확실해진다. 우리는 장악력을 상실하고, 우리를 이끄는 무언가에 장악되는 자신을 발견하게 된다. 불가능한 것에 의해 노출되고 종속되며, 우리의 움직임 자체가 그것에 의해 이끌린다.

이럴 경우 유일한 의지 대상은 믿음과 소망을 갖고서 우리가 어찌할 수 없는 불가능하고 통제 불가능한 미래를 사랑하는 일이다. 사랑과 소망과 믿음은 불가능한 것의 덕목들이며, 측정 불가능한 미래의 측정 도구들이다. 가능한 것의 경계들은 안전하게 평평하고 확실하지만 좁고, 범주가 잘 규정되어 있지만 한정적이며, 그것들은 아무 일도 실제로 발생하지 않고 모든 현 제도들이 정확히 잘 작동하는, 열정적 희망이 없는 무소금의 평범한 삶의 분계선 바깥쪽을 감시한다. 만약 삶의 말미에 우리의 모든 희망이 미래의 현재라는 지평에 의해 분별 가능하고 적절하게 측정 가능하다면, 그리고 불가능한 것과 더불어 결코 혼돈스럽게 되지 않는다면 그때는 우리가 전체적으로 삶이 우리를 스쳐 지나갔음을 알게 된다. 만약 당신이 원하는 것이 안전이라면 종교를 잊고 보수적인 투자 조언자를 찾아보라. 종교적인 생활감은 스스로를 급격한 불확실함과 삶의 열린 종말성에 드러내고, 이른바 의미와 소금을 제공하며 위험을 제거해 주는 절대적 미래와 관련된다. 절대적 미래는 위험 부담이 많은 사업이며, 그러기에 믿음·소망·사랑이 밀려 들어온다. 동정녀 마리아와 똑같이 절대적 미래, 절대적 놀람으로 잉태하는 재출발, 재생의 가능성으로 흔들려 우리의 심장은 불안정해진다("inquietum est cor nostrum")고 아우구스티누스는 말하였다.

나의 이야기에서 종교는 불가능한 것과의 약정이나 '성약(covenant)'이다. 종교적 생활을 영위한다 함은 현실을 넘어선 현실에 대한 불안정한 심정으로 고대하고, 불가능한 것의 가능성으로 전율하는 것이다. 만약 종교적 생활감이 때로 플라톤의 영향으로 영원성의 관점에서 생각된다면, 나의 조언은 물에 빠진 쥐처럼 끝맺지 않으려고 애쓰며 파도를 헤쳐 나가듯 시간의 물결을 타고 나가는 임시방편의 일환으로 시간의 관점에서 재성찰해 보라는 것이다. 종교적 담화들이 그토록 많은 기적의 이야기들——루이스 캐럴이 앨리스에게 일어날 수 있다고 상상한 것 이상의 놀라운 이적의 이야기들——로 가득 차 있는 이유도 여기에 있다——동정녀가 성모가 되고, 명령으로 산이 움직이며, 바다가 분리되고, 죽은 자가 무덤에서 일어나며, 그리고 (이들 이야기들이 담고 있는 가장 핵심적인 내용으로 가장 중요하게) 죄인들이 용서받고 새로운 마음(metanoia)을 부여받는다. 용서하는 일은 과거의 무게를 들어올려 논쟁의 여지없이 예수 그리스도가 말하고자 했던 가장 근본적인 것인 새로운 미래, 생명의 새로운 입김을 누군가에게 불어넣는 행위이다.

성서는 현재의 권세가 깨뜨려지고 가능한 것의 힘, 가능한 것 너머의 불가능한 것, 현실 너머 초현실의 힘을 펼치며, 꽃의 만개처럼 길이나 폭 면에서 실체성이 완전히 만개하는 이야기들로 가득 차 있다. 그래서 프로이트나 마르크스와 같은 종교 비판자들이 결론지은 바대로 믿음·소망·사랑은 일부 망상적이고 환상적인 영역으로 이동하는 것이라기보다는 오히려 현실 너머의 실체, 현재의 제한된 한계를 초월한 무한한 초현실(open-ended hyper-real) 속에서 실제로 진행되는 것과 보조를 함께해 나가기 위해 필요한 것들이다. 믿음·소망·사랑은 환상이라기보다는 오히려 현실의 변화된 경험을 갖기 위해 필요한 것들이다. "주의 영을 보내어 저희를 창조하사 지면(地面)을 새롭게 하시나이다"라고 시편은 노래한다.(《시편》, 104:30) 창조주로서의 신이라는 성서적 관념 속에 구현된 것은 재창조의 관념이다. 신이 6일 동안 세계를 단순히 창조하기만 한 다음 장비를 트럭에 실은 채 장기 주말 여행을 떠날 수는 없다. 처음으로 만물을 만드는 작업이 만물을 새로이 만드는 것인 만큼, 우리는 신이 반복해서 시계를 작동하는 작업을 행할 것을 요구한다. 우리는 태어나는 것으로 만족하지 않고, 성서의 소리꾼들이 노래하고 외치기 좋아하는 것처럼 새로이 거듭 태어나길 원한다. (그리고 나는 그들과 함께 따라서 외쳐댈 것이다.) 모든 '예(yes)'——마리아의 '예'를 기억하라——는 첫번째의 '예'를 확약하고 연장하는 두 번째의 '예'를 자연스럽게 유도한다. 그것은 우리의 방식으로 되돌아가지 않음을 보증한다. 인간 경험의 심장부에 닿는 '예'의 구조는 '예, 예'라고 말하는 이중의 또는 반복의 구조이다. 이 방식은 히브리인들에게 '아멘'이 의미하는 바와 매우 똑같다. **예, 예,** 뜻대로 이루어지리라. 앞으로 다가올 것에, '예'의 신에게, 불가능한 것의 가능해짐에 '예'라고 말하라.

이것은 또한 종교가 예언적 속성을 지니고 있는 이유를 설명해 준다. 나는 미래-현재에 대한 우리의 예측력을 완벽히 한다거나, 미래의 것을 예언함을 의미하는 게——마치 종교적으로 되는 것이 기상 예보자라도 된 것처럼——아니다. 나는 유대교와 그리스도교 전통에서 메시아 시대의 평화와 정의를 고대하는 '메시아적' 희망과 기대로 불리는 것을 의미한다. 스스로를 혁명적 역사의 진보라는 이름하에 냉담하게 종교적 환상의 무용함을 폭로하는 냉정한 과학자로 여겼던 마르크스조차 감정을 분출하는 유대인 예언자의 성향을 지니고 있었다. 예언적 종교에 관해 무언가를 알고 있는 사람이라면 누구나 눈치챌 수 있듯이, 역사의 수레바퀴를 굴러가게 한 무편견의 경제 법칙을 확립할 의도로 만들어진 마르크스의 정치경제 '과학'은 메시아적 시대를 향한 예언적 열정과 열망의 서적에 다름 아니다. (그가 스스로는 종교의 가면을 벗긴다고 생각했을지라도.) 마르크스는 부자가 빈자를 수탈하고 가장 박탈당한 사회 계층, 소수와 이민자, 여성과 아이들의 구부러진 등을 벗겨 재산을 축적하는 것을 멈추게 하는 시대를 위해 기도하고 울부짖었다. 그것은 마르크스의 최상의 모습, 가장 인내하는 모습, 그의 예언적-종교적 측면, 그가 밤에 졸기 바로 전 히브리인 역사의 주인을 향해 계속해서 나직하게 기도를 뇌까렸던 방식이다. (비록 그가 아침에는 그 기억을 갖지 못할지라도.) 그것은 냉혹한 사람이 아닌 사람이라면 누구나 '예, 예'라고 응답하고, 경건하게 "어서 오소서" "당신의 '왕국'이 어서 이루어지기를"이라고 기도해야 하는 그러한 마르크스주의이다. 긴 계보의 유대교 예언자들, 나아가 교황 요한네스 파울루스 2세—— '악의 제국'을 '정복한 세계 역사의 주역'으로서 로널드 레이건과 함께 승리의 월계관을 균분한——를 두렵게 할 만큼 마르크스적 무신론의 일부 버전들이 빈자들의 교회를 그토록 잘 잠식하였다. 또 같은 이유로 나는 유신론과 무신론 간의 구분이 대부분의 교황과 주교를 포함하여 일반인들이 생각하는 것보다 좀더 불안정하다고 여긴다.

비 밀

나는 아우구스티누스의 "내가 나의 신을 사랑할 때 나는 무엇을 사랑하는가?"라는, 내가 배우고 나를 인도해 온 **물음**을 진정으로 성찰하고자 질문의 골격을 다지고 있는 중이다. 모든 것은 이 질문에 달려 있다. 그것은 나의 녹록치 않은 질문이고——분명 주교들의 신경을 자극할——혼란케 할 질문이다. 하지만 나는 이 질문을 직접 다루기에 앞서 재차 아우구스티누스의 예를 따라 한 가지 고백을 하고자 한다. 이 고백은 우리 **모두가** 함께하는 추천이 있고 난 이후에야 나올 것인데, 왜냐하면 나는 다른 모든 사람이 어린 양처럼 무결한 것처럼 보이도록 스스로를 감추고 있는 상태에서 나 자신만 홀로 이러한 고백에 따른 파장에 서서히 휘말려 가고 싶지 않기 때문이다. 나는 혼자서 날뛰는 이른바 남자다운 영웅이 결코 아니며, 나 홀로 심연에 뛰어들 마음은 추호도 없다. 나는 스스로의 정체가 혼돈스럽고, 내가 누구인지 알지 못함을 고백한다. 그렇지만 나는 우리 모두가 혼돈스럽고 우리가 누구인지 알지 못함을 진정으로 손 모아 공동으로 고백할 것을 권면한다. 우리 모두는 우리가 누구이고 우리의 삶이 어떠한 것인지, 즉 우리의 처음과 끝 그리고 지속적인 관심은 무엇인지 알기 원한다. 그것은 우리 삶의 열정, 심오한 종교적 열정에 해당한다. 더 좋건 나쁘건(그것은 당신이 나에게 어느 날에 질문하느냐에 달려 있다) 우리는 단순히 살지는 않으며, 이유를 궁금히 여긴다. 더 좋건 나쁘건 우리는 단순히 살지는 않으며, 결코 이루어지지 않은 것들을 꿈꾸고 그렇게 안 된 이유를 궁금히 여긴다.(에드워드 케네디가 작고한 형 로버트 케네디에게 바친 송덕의 글귀) 우리는 현재와 가능한 것이 우리를 짓누르는 한계를 지닌 삶에 만족하지 않고 무언가 다른 것을 추구하고 긴장하는데, 그것이 무엇인지는 알지 못한다. 인간의 심장이 영원히 불안정한 요인과 관련하여 내가 최소치나마 기여한 내용, 내가 영속적인 철학(philosophia perennis)에 부가하기 원하는 유일의 사소한 내용은 이것이다. 우리는 스스로 누구인지 알지 못한다. 이를 아우구스티누스는 "Quaestio mihi factus sum(라틴어로 쓸 때보다 그럴듯하게 들린다)"라 표현하였다. 이 구절은 성 바울의 말(〈로마서〉, 7:15)을 곱씹은 것으로 "나는 스스로 자문하도록 지어졌다"는 의미이다. 나는 누구인가? 나는 그의 삶이 질문 자체이고, 그의 삶이 질문으로 점철되었으며, 그것이 삶에 소금을 준 것임을 찾아낸 사람이다. 우리는 종교적인 마음을 나담시키지 않고 그것을 촉발하거나 고조시켜 주는 것을 찾아나서지만 이를 알지 못하는데, 왜냐하면 이것은 또다시 불가능한 것과의 접촉을 의미하기 때문이다. 우리는 그 주제에 관한 우리의 의견을 가질지도 모르고, 또 그래야만 한다. 우리는 궁극적으로 자신의 판단에 따른 인생관을 갖지만, 우리가 결정을 내린 이후에조차 여전히 우리가 누구인지 알지 못하기 때문에 우리가 말한 것이 결과적으로 불확실할 가능성을 염두에 두라고 나는 조언한다. 우리는 '비밀'을 '알지' 못한다.

오해가 없도록 하자. 나는 무지와 방관하기, 이쪽인지 저쪽인지 편들거나 결정하지 않고서 경쟁 세력들의 유인을 어떻게든 모면해 얻는 위장적 평화 내지 선택을 피해 가는 방법을 발견한 것으로 위안을 삼도록 권고하고 있지 않다. 결코 그렇지 않다. 나는 삶을 소금과 열정, 종교적 열정, 불가능한 것에 대한 열정이란 관점에서 정의한 바 있다. 하지만 나는 이러한 열정의 조건이 알지 못함이며, 이러한 알지 못함이 결정에 이르고 열정을 극대화하는 불가피한 요소라고 말하고 싶다. 이렇게 알지 못함은 단순한 잡초적 무지가 아니라 오히려 신비주의자들이 무지한 박식(docta ignorantia)이라 부른 것, 즉 우리가 알지 못하고 이러한 알지 못함이 우리가 삶에서 요구되는 응분의 결정성과 긴박성을 지니고서 행동해야 하는 불가피한 지평임을 아는 것에 해당한다. 삶은 중단되는 게 아니어서 우리 모두가 점심을 먹거나 잠시의 졸음을 위해 휴식을 취하는 한두 시간 동안에도 우리에 대한 요구를 중단하지 않는다. 우리는 행동하도록 요구받지만, 우리의 결정은 얄팍한 영상, 알지 못하는 것에 대한 조용하면서도 불편한 느낌에 의해 보완된다.

　나는 여러분을 낙담시키려 하는 게 아니다. 결코 그렇지 않다. 나는 '비밀'을 온통 나쁜 소식이 아니라 우리가 인간 조건의 어려움을 전적으로 고백하고, 곤경에 지나치게 많은 비중을 두지 않음으로써 최상의 결과를 얻을 수 있다는 가정하에 진행되는 마음의 고양이나 경건한 최소 강령주의의 한 부분으로 간주한다. 나의 가설에서 비밀은 '비밀'이 없다는 것이다. 나는 일종의 전문 학술적 회의주의나, 종신 재직의 처지에서 삶의 한 사치품으로 곁들인 최근 유행의 허무주의적 관점에서 이 말을 하는 게 아니다. 반대로——뮤추얼 펀드 투자자라면 모두 이해할 개념으로 표현하자면——그것이 단기적으로는 신통치 않더라도 결국에는 최상의 이익으로 보상해 주리라고 여긴다. 내가 알 수 있는 한, 그리고 이것이 내가 묘사하려고 하는 감각적 토대는 없으되 감동적인 느낌의 삶에 본질적이라고 생각하는 한, 우리가 기도하고 단식하며 불순한 생각을 갖지 않는다는 조건으로 삶의 의미, 우주 및 선과 악의 비밀을 우리에게 전해 주는 어떤 '초월적인 초자연적 힘'에 감염되기란 어렵지 않다고 생각한다. 그것이 상당수의 종교인 자신들을 포함하여 많은 사람들이 종교에 대해 생각하는 방식이라 여기며, 나는 이들에게 그것으로부터 벗어나도록 말하려고 한다. 나는 신중을 기해 강조하고자 하는 최상의 식별 방법으로 그것을 대문자로 표기하고자 한다. [역자는 편의상 이를 '그것'으로 부호 처리하겠다.] 나의 지식으로는 우리가 모든 우리의 문제를 해결해 줄 만한 어떤 '초자연적 계시'나 '묵시론적 현현'에 접한 적이 없다. 뿐만 아니라 우리가 '그것'(그 방법)을 엄격히 따르는 한 '실제성'의 '본질'이나 '초월적' 본질을 드러내 주거나, 또는 우리를 해일을 뚫고 나가게 하거나 투명 인간처럼 만들어 주는 철학이나 과학상의 어떤 '최우월적 방법'에 접했던 적도 없음을 부가하고자 한다. 우리는 과학·철학·종교에 의해 양 방향을 두리번거리며 '길'을 알지 못하는 가난한 거지들과 '우리'(철학자·물리학자·진정한 신앙인 등)를 구분시켜 주는 요건, 즉 '사물의 존재 방식'에 대한 '우월적 접근 방식'을 인식했다고 여기는 특권적 지위에 안주할 수는 없다. 나는 우리 모두가 '길'을 필요로 한다는 사실을 부인하는 것은 아니지만, 누구나가 자신의 길을 대문자로 표현할 만한 권위를 지니고 있다는 주장은 거부한다. '그 길'을 알 방도는 없으며, 나 또한 알지 못한다.

우리가 누구인지 모르고 '비밀'에의 접근이 가능하지 않다는 점을 사전에 고백할 때 우리는 끊임없이 '해석' 면에서 고심하지 않을 수 없는데, 바로 그것의 불가피성이 요즘 학술권에서 통용되는 '해석학(hermeneutics)' 용어를 규정할 때 내포되어야 할 중심적 요소이다. 나는 무지를 권고하거나 진리가 없다고 말하는 것은 아니지만, 진리를 성찰하는 최상의 방법은 아무도 미래에 무엇이 다가올지 모른다고 여기면서 그 방법을 단지 누군가가 이미 내세운 최상의 해석으로 부르는 것이라고 주장하려 한다. 양지를 점하기 위해 상호간 논박하는 경쟁적인 다수의 사실들이 있으며, 진실은 우리가 모순에 대처하는 방법을 배워야 한다는 점에 있다. 하늘이 열려 우리에게 '진리'를 투하해 주지는 않는다. 해석의 불가피성에 대한 이같은 해석학적 요건을 강조하게 되면 또한 우리가 '진리'라는 말에 의해 의미하는 바가 진리를 **행하는 것**으로 바뀌지 않을 수 없는데, 그것은 불가능한 것을 행하는 것과 조금은 유사한 것으로 될 것이다. 나는 이것이 특히 '종교적 진리'라는 말에 의해 의미하는 바의 특성이라고 주장할 V장에서, 이 문제를 다시 거론하겠다. 왜냐하면 '종교 없는 종교'라는 표현에 의해 나는 진리 없는 종교를 의미할 수 없기 때문이다.

슬프게도 우리에게는 '비밀'을 드러내 줄 묵시적 지침이 없다. 우리 모두는 바지를 입고서 한 번에 한 발씩 하루 동안 그것을 성취하기 위해 최선을 다한다. 비밀은 '비밀'이란 없으며, '실제의 존재 방식'을 뒤집어 해석상의 갈등을 제거해 줄 대문자로 표기할 '만능적 원리나 계시'가 없다는 것이다. 키에르케고르가 즐겨 쓰는 표현대로 우리가 입을 열 때 말하는 것은 가련한 개별적 사람일 뿐이며, 우리는 자신이 '전능하고 선한 존재의 마우스 피스'라고 생각하도록 잘못 권고받을지도 모른다. 하지만 나의 가설에서 그것은 나쁜 소식이 아닌데, 왜냐하면 그것이 스스로 를 '선하고 전능한 궁극적 존재'와 혼동하고 그들이 신이나 '궁 극적 존재' 또는 '자연'(또는 다른 '그 무엇'이)이 생각하는 바를 나머지 사람들에게 알리기 위해 보내졌다고 여기는 사람들의 파 급을 억제하는 경향——실제 우리가 듣는 내용이, 당신이 그를 알게 되면 그런대로 괜찮은 사람이긴 하지만 조금은 지나치게 스 스로를 진지하게 여기는 해리 구텐타그적 견해에 지나지 않음에 도 불구하고——이 있기 때문이다.

　나는 이른바 '성서'나 '신의 말씀'을 부인하려는 게 아니다. 나는 미지의 속성 속에 그것을 위치지음으로써 그것이 의미하 는 바를 적절히 묘사하는 데 이르려고 한다. 따라서 사람들이 성 시 안에 '묵시록'이나 '계시록'을 포함시킨다 할지라도 나는 나 의 최소 강령주의적 가설을 고수할 것이다. 그 이유는 이런 유의 '책'들에는 그 기록 속의 신자들이 신앙하는 무언가를 담은 '묵 시'**에 해당하는** 예언적 계시가 **결여되어** 있기——그것은 암흑 의 유리를 통해 보는 것을 의미한다——때문이다. '묵시록' 조차 묵시를 **결여하고** 있다. 이 사실은 계시를 받았다는 주장이 모든 사람의 동의를 얻지는 못하는 자기 나름의 해석에 불과하기 때 문에, 그 '책' 속의 신자들이 스스로 받았다고 여기는 '계시'에 관한 주장을 누그러뜨려야 한다는 것을 의미한다. 이러한 계시 는 신자들이 그렇다고 믿는 해석일 뿐이며, 그것이 여러 경쟁적 이고 상충되는 해석 중 하나가 되었음을 의미한다. 따라서 신자 들은 개별적으로건 특정 공동체를 통해서이건 그들이 믿는 것에 대해 도취하지 않도록 삼가야 한다. 그 책이 논쟁의 여지가 있고, 또 계속해서 논쟁될 수 있는 대상인 묵시적 기록들이 갖는 본유적 장점을 별도로 하면, 이것이 바로 '계시' 라는 그들의 믿음을 뒷받침하기 위해 그들이 주로 제시해야 할 것은 그들이 그것을 믿고 있거나 그것이 수 세기간 신봉되어 왔다는 주장이다. (역사가 우리에게 빈번히 가르쳐 준 대로, 그리해야 하는 한 가지 요인은 그것의 미추종자들에게 가해졌던 재난이다.) 그들은 다른 모든 진영을 '이교도' 라 부르고, 또한 그들이 자신의 삶 속에서 '초월성' 을 결여한 것으로 여긴 다른 모든 사람들을 경멸함으로써 그들 자신의 변변치 못한 영성 이외에는 아무것도 내세우지 못한다. 분명 내가 재차 주장하는 바와 같이, 종교는 '비밀을 아는' 모양새를 하는 시장에 거래 장소를 두고 있지 않다. 나는 동일하게 과학자나 철학자들에게도 '물리학' 이나 '형이상학' 에 대해 예언적이고 절대시하는 태도로 접근하지 말 것을 권고한다. 즉 이 두 분야가 함께 또는 개별적으로 '자연' '존재' '실체' 의 부드러운 부분을 감지했다거나, '존재의 비밀문' 에 닿았다는 환상에 굴복하지 않도록——이 점만 경계하면 양 분야는 건전하고 경외의 대상이 될 것이다——해야 한다.

 '비밀' 에 접근하지 못했음을 고백하는 행위는, 우리가 우리와는 다른 것에 대항하여 뛰쳐나가려 할 때마다 이에 제동을 거는 지적이고 경건한 신중성을 우리의 삶에 도입하는 것을 의미한다. 여기서 다르다는 것은 신자들의 맹목적 **우둔함**을 가리킨다. 하지만 이러한 고백의 효과는 비판적이고 부정적인 면도 있지만, 고도로 긍정적인 속성을 지녀서 내가 묘사하려고 하는 불가능한 것에 대한 종교적 열정과 긴밀히 관련되기도 한다. 왜냐하면 비밀의 정체가 '비밀'이 없다는 것이라면, 그럴 경우 우리가 오로지 그리고 참으로 **무언가**를 **믿을** 수 있고 또 **믿어야** 한다는 결론이 뒤따른다. 우리가 스스로 누구인지 모른다고 말할 때, 나는 나의 가슴에 나의 뺨을 비비대는 것은 아니다. 나는 낙담·절망을 권고하거나 탐색을 포기하는 게 아니다. 다른 모든 사람과 마찬가지로 나는 가능한 만큼 많이 알고 싶어하며, 도서 구비에 적지않은 돈을 썼다. 또한 '유감'을 드러내거나 모든 것이 헛되며 무용한 시시포스적 노동이라고 한탄하려는 게 아니다. 반대로 이것은 전적으로 우리가 스스로를 발명하고 재발명하도록, 또는——우리가 지배권을 행사해 본 적이 없는 종류의 것에 대해 말하고 있기 때문에——우리 자신이 불가능한 것에 의해 재창조되고 사로잡히도록 요청받았음을 인식하는, 고동치게 하는 확약적 성격의 작용이다. 나는 미지의 다가올 미래, 그것의 도래를 암흑 상태로 그리고 거울을 통해서만 볼 수 있는 미래, 그럼에도 불구하고 우리가 열정적으로 **희구하고 열망하는** 미래를 향해 우리가 열려 있을 것을 요구한다. 시시포스적 한탄보다는 차라리 몰리 블룸이 《율리시스》의 종장에서 내뱉은 '예'처럼 입을 크게 벌려 '예'라고 말하겠다. "그리고 나는 '예'라고 말했고, 또 '예'라고 말할 것이다." 매우 우렁찬 목소리로 그렇게 할 것이다. 지금껏 내가 나의 규칙을 깨뜨린 유일한 사례가 있다면, 그것은 내가 '예'라는 표현을 대문자화하도록 허용한 경우이다. 다가올 미래, 눈과 귀가 보거나 듣지 못한 가능성, 불가능한 것의 가능성에, '예'의 신에게, 야훼께 '예'라고 고하라. 예, 예, 아멘. '예,' 신은 '예'이며, 나의 신에게 '예, 예'라고 고하라.

  이제 마침내 나는 나의 질문, 나의 고귀한 성 아우구스티누스

──《고백록》을 읽다 보면 우리는 그의 고백 장면을 직접 목격한 듯 얼굴이 붉어질 정도로 가깝게 느끼게 되는데, 그는 엿듣기에는 당혹스러울 정도의 은밀한 말로 엎드려 기도하고 흐느낀다──에게로 돌아갈 마음의 준비를 갖췄다.

내가 나의 신을 사랑할 때 나는 무엇을 사랑하는가?

아우구스티누스의 《고백록》 서설 부분은 신 안에 은거할 때까지 우리의 심장이 불안정하고 안녕을 누리지 못한다는 내용으로 되어 있는데, 내가 우리 모두 조금은 불안정하다고 말할 때 나는 그의 말을 어느 정도 내 식으로 표현한 것이다. 우리는 연이은 욕망, 때로는 동시에 여러 욕망에 의해 충동질당하며, '신' 안에 은거할 때까지는 마음의 평화를 누리지 못한다. 그것은 신의 이름이 우리가 사랑하고 욕망하는 것──그것이 무엇이건간에──의 이름이기 때문이다. 그렇다면 실질적인 문제는 다음 문제, 즉 내가 나의 신을 사랑할 때 나는 **무엇을** 사랑하는가로 이전된다. 아우구스티누스가 주님께 고한 대로 "오, 주여 내가 당신을 사랑함을 당신은 알고 계십니다. 내가 무언가에 대한 불안정한 탐색, 깊은 욕망, 욕망 너머의 욕망, 특정의 욕망 너머의 특별한 욕망, 내가 무엇인지 알지 못하는 것에 대한 욕망, 불가능한 것에 대한 욕망에 의해 이리저리 충동질되며 무언가를 추구하고 있음을 주님이 알고 계시고 나 또한 압니다. 그럼에도 불구하고 우리가 이러한 사랑의 날개 위에 편승해 있다 할지라도 문제는 남아 있습니다. 나는 **무엇을** 사랑하며, **무엇을** 추구합니까?" 아우구스티누스가 이처럼 말했을 때, 우리는 그를 자신의 욕망을 채우려고 안달하는 커다란 구멍이나 결핍 또는 공허감에 사로잡힌 존재가 아니라 자신의 사랑을 이끌 방향을 알려고 애쓰는 사랑이 넘쳐 흘러나오는 존재로 여겨야 한다. 그는 자신이 얻을 수 있는 것을 알기 위해서가 아니라 자신이 베풀 수 있는 것을 알기 위해 나아간다.

내가 나의 신을 사랑할 때 내가 사랑하는 것의 이름은 무엇인가? 신은 사랑이라는 말을 들은 이래 이 문제는 주교들을 초조하게 만들 범주 안으로 우리를 이끄는 경향이 있음을 앞서 밝힌 바 있다. 주교인 아우구스티누스가 생각한 대로 우리가 무언가에 대한 사랑으로 움직여 나갈 때마다 우리가 찾고 있는 대상이 바로 신이지만, 우리는 이 사실을 단순히 인식하지 못하는 것인가? 혹은 오히려 내게 다가오는 대상이 베드로인 줄 모르면서 그의 다가옴을 감지하는 방식으로 우리는 이해하는가? 아니면 그 반대로 신의 이름은 평화나 정의 혹은 메시아적 시대처럼 고귀하게 사랑하는 것들에 부여하는 한 가지 이름인가? 어느 편이 다른 쪽의 범례에 해당하는가? 사랑은 **신**을 예증하는 방식인가? 또는 신이 **사랑**을 예증하는 데 필요한 이름인가? 어느쪽이 맞는가?

내가 '비밀'에 관해 무언가를 말하려 한다면, 나는 그 비밀을 열린 상태로 유지하는 생산성과 풍요로움을 주장해야 한다. 만약 고백적 신앙 관련 담당 주교회의의 정통적 입장에서, 사랑이 우리가 신에게 부여하는 지시어나 이름 중의 하나이고 신이 명백히 그 주체로 간주된다면, 나는 이단성에 해당하는 약간의 여지를 남겨두고자 한다. 주교와 추기경들이 종교가 정의로운 가르침이라는 입장을 견지하는 확고한 자들이며, 결과적으로 정통의 문이 신자들에게는 부드럽게 흔들리고 이교도들에게는 꽉 닫히도록 하는 반면, 나는 우리 모두가 그 비밀로 인해 흔들리고 이것이 삶에 소금과 진정한 종교적 열정을 제공하는 것이라고 생각하고 싶다. 나는 정통과 이단 간, 심지어는 유신론자와 무신론자 간, 혹은 종교와 세속 간의 구분을 짓는 데 흥미가 없다. 나의 주요한 구분은 소금의 기능을 하느냐 그렇지 않느냐 하는 데 있으며, 이런 방식으로 나는 아무것도 불가능하지 않은——종교적 열정을 규정하는——신을 사랑하는 상이한 방식들을 나타낸다. 아우구스티누스는 신은 사랑이고, 우리가 우리의 신을 사랑할 때 우리가 사랑하는 것은 **신**이며, '비신자들'(고백 이전의 자신을 포함하여)이 정의처럼 고차원의 것이건 탐욕 추구와 같은 저차원의 것이건 다른 것들을 추구할 때 자신들이 추구하는 대상이 신임을 깨닫지 못하는 경우를 제외하면, 그들은 실제로 다소간 계몽되거나 어리숙한 방식으로 신을 탐색하는 일에 참여하고 있다고 말한다.

하지만 나의 의견으로는 아우구스티누스가 이 문을 아무리 꽉 닫으려 애썼다 하더라도 그것을 조금은 열어 놓은 채로 두었다. 왜냐하면 아우구스티누스의 질문은 신을 향한 열정이 이보다는 훨씬 더 포괄적이며, 또한 그것이 그가 그 문제를 해결했다고 생각한 이후에도 계속해서 반향을 일으키고 있음을 우리가 알도록 허용해 준다. 즉 나는 아우구스티누스의 질문을 삶에 대한 열정, 그가 말한 '내 마음을 사로잡은 것'의 주요하고 영원한 부분으로서 다룬다. 우리가 머리 숙여 온 힘을 다하여 신을 사랑할 때, 우리는 사랑이 신을 예증하는지 신이 사랑의 예증에 해당하는지 알지 못한다. 또는 정의가 우리가 신에 대해 말하기 위해 사용하는 이름 중의 하나인지, 아니면 반대로 신의 이름이 우리가 정의에 대해 말할 때 언급하는 방식인지 하는 점도 그러하다. 불가능한 것과 관련해서도 마찬가지이다. (이런 식의 목록은 끝이 없다.) 우리는 우리가 이런 점에 대해 혼란스러워하고, 혼돈을 해결할 방법을 알지 못함을 고백한다.

아우구스티누스의 질문——"내가 나의 신을 사랑할 때 나는 무엇을 사랑하는가?"——은 처음이고 마지막이며 평생 동안 지속되는 변경 불가능한 질문으로서, 그것은 우리로 하여금 우리 일상의 통로를 따라 추구하도록 하고 우리의 삶에 소금과 불을 제시한다. 이 질문이 아우구스티누스가 또 하나 지속적으로 제기한 "나는 누구인가?"——이에 대해 우리가 앞서 본 것처럼 아우구스티누스는 《고백록》의 제10장에서 "어렵고 굉장한 수고를 필요로 하는 일"이라고 응답한다——라는 질문과 직관된 이유두 여기에 있다. 그는 "오 주여, 저는 당신의 눈에 그리고 스스로에게 문제가 되었습니다"라고 말한다. 그래서 아우구스티누스에게 신에 대한 질문과 자신에 대한 질문 이 두 가지는 동일 노선을 따라간다. 신에 대한 관심이 커질수록 스스로에 대한 관심도 많아진다. 내적으로 나는 무엇을 사랑하는가의 문제에 붙들리면 붙들릴수록 내 자신은 누구인가라는 질문에 사로잡히게 되는데, 이러한 관점에서 '자신(self)'이 된다는 느낌은 지각되고 강력해진다. 그런 이유로 다음과 같이 말할 때 나는 매우 아우구스티누스적 모양새를 취한다고 생각한다. 우리는 우리가 누구인지 알지 못한다. **문제는** 우리가 누구인가 하는 점이다. 나는 스스로에게 질문을 제기하는 게 아니라 자신을 문제 자체로서 다룬다.

우리가 우리의 신을 사랑할 때, 우리가 무엇을 사랑하는지 모른다고 고백할 때 우리는 또한 우리, 즉 우리의 신을 사랑하는 우리가 누구인지를 고백하는 것이다. 나는 아우구스티누스와 더불어 나는 누구인가라고 물으며, 그 대답은 내 자신도 그게 의문이라는 것이다. 나는 누구인가? 되돌아오는 대답은 또 다른 질문이 되고, 그 대답은 계속해서 질문의 형태를 취함으로써 그 질문의 활기를 유지하며——그것은 '자신'이 무엇인가 하는 것이다——질문을 계속 유지하고 신을 사랑하는 것, 신을 사랑하고 당신이 하려는 것을 행하는 것이다. (이것은 아우구스티누스가 말했던 또 다른 흥미로운 내용으로, 나는 이를 우회적으로 표현하였다.) 내가 나의 신을 사랑할 때 나는 무엇을 사랑하는가? 그것은 신인가? 정의인가? 아니면 사랑 자체인가? 다시 한 번 대답은 또 다른 질문이 된다. 나는 이 문제로 스스로를 곤궁케 하려는 사람이며, 신의 이름은 내가 스스로를 곤궁케 하는 것의 이름이다. 나는 불가능한 것에 의해 돌려지고 뒤치락거려지고 있는 중이다.

　보수적이고 정통적이며 우익적인 종교 진영들은 내가 엉거주춤하고 문제를 비켜 가며 답 제시를 회피하고 있다고 생각할 것이다. 사실은 정반대이다. 나의 생각은 이 질문을 철저히 행하려는 열정을 보여 주려는 것이다. 나의 전체적인 생각은 이 질문에 대한 '답'이라고 불리는 어떤 것이 있다는 점을 의심하기 때문에 우리가 할 수 있는 유일한 일은 **대답하는** 일이라는 것이다. 가브리엘이 동정녀에게 잉태에 관한 놀라운 소식을 전할 때 마리아가 "저 여기 있어요"라고 대답했던 방식이나, 주님이 아들의 번제 사용을 요구했을 때 아브라함이 "저 여기에 있습니다"라고 말한 것처럼 세심한 고찰을 필요로 하는 문제 제기적인 이야기 방식이 이에 해당한다. 아우구스티누스가 말한 대로 비록 내가 누구인지, 또는 내가 나의 신을 사랑할 때 내가 무엇을 사랑하는지 알지 못한다 하더라도 전체적 생각은 **응답하는** 것, 진리를 **행하는** 것, 진리가 발생하도록 하는 것(facere veritatem), 정의를 행하는 것, 불가능한 것을 행하는 것, 산을 움직이게 하는 것, 내가 갈 수 없는 곳에 가는 것이다. 나의 '책임'은 신의 이름을 나의 워드 프로세서에 입력하는 것일 뿐 아니라 정의를 **행하는** 것이다. 사랑의 신이 부를 때, 우리는 대답하는 편이 낫다. 정의에 대한 요구가 있을 때, 우리는 "저 여기 있습니다"라고 대답하는 게 좋다. 왜냐하면 그것은 신의 부름이고, 우리는 이에 응답해야 하며 또 응답할 수 있기 때문이다. 마찬가지로 보수적·정통적·우익적 종교 진영들은 그들이 그들의 신을 사랑할 때, 그들이 **무엇을** 사랑하는지의 문제를 잘 규정된 형식 속에 명시하고 결정지으려는 마음이 손쉬운 무책임과 위안으로 바뀌지 않도록 경계해야 한다. 즉 그들이 어떤 신조를 따르기로 서약하고 교서나 지도자의 지시에 따라 이행하도록 들은 것을 행하였기 때문에, 그들이 그들의 의무를 다했고 가능한 **책임**을 다 이행했다는 식으로 생각해선 안 된다. 그렇게 되면 그들의 신앙 고백이 갖는 상대적으로 확고한 특성은 '신령과 진정으로'(〈요한복음〉, 4:24) 응답하는 대신 편리한 대답이 되고 만다.

나는 '진리'에 대한 진정으로 **종교적인** 생각과 '종교'에 대한 진리적 생각을 모색하는 중인데, 이런 사고는 자신에 대해 그리고 자신이 무엇을 사랑하는지에 대해 곤궁케 하면서 자신이 불가능한 것에 의해 흔들리고 염려하도록 만든다. 불안정함은 우리 자신의 것이다. 우리의 심장은 불안해하고, 나의 신인 주님 안에 은거할 때까지는 우리의 심장이 불안에 떨고 안녕을 누리지 못할 것이다. 하지만 주님 당신은 누구십니까? 그리고 당신께서는 어디에 계십니까? 그리고 나는 누구입니까? 나는 우리가 우리의 힘·잠재력·가능성의 한계를 경험하고, 우리의 힘을 초월한 불가능한 것에 맞닥뜨려 스스로를 드러내는 바로 그 지점에서 종교적인 것의 구조가 우리 삶 속으로 파고들게 됨을 설파한다. 종교적인 것을 거부하는 사람들은 자신의 소유, 힘과 의지를 견지하길 원한다. 고대의 스토아 철학자들은 만약 우리가 불가능한 것을 추구하고 필요한 것을 받아들이며 우리의 한계 내에 머무른다면, 우리가 자치권과 통제력을 유지하게 될 것이라고 말했었다. 그럴 경우 우리는 스스로 욕망하게 하는 모든 것을 결여하지 않게 될 터이기 때문에 행복해질 것이다. 아우구스티누스는 이런 사람의 경우 행복이 비참함과 공존하게 될 것이라고 말함으로써 이런 생각을 조롱하였다. 스토아주의자들은 우리에게 종교를 거부하고, 스스로를 미약하게 만드는 것을 거절하며, 평정과 평상심을 유지할 것을 권고한다. 반면 종교적 느낌의 생활에서는 평정한 모든 것이 거룩한 열정, 혼돈스럽게 하고 흔들리게 하는 것, 불가능한 것에 대한 열정으로 야기된 불안정한 몸떨림에 의해 방해받는다. 성 아우구스티누스의 유명한 '개종'은 가장 선정적인 측면인 섹스와 로맨스를 포기하는 것이 아니라 스스로에 대한 지배력, 로마 정부에서 편안하고 중요한 위치에 다다랐던 상승 가도의 수사학자로서의 자신의 경력과 야망에 대한 애착을 포기한 데에 있다. 그의 개종은 자신의 통제권이 신에 의한 통제권에 의해 대체되고, 자기애가 신에 대한 사랑으로 전환된 바로 그 시점에서 발생하였다. 그가, 내가 나의 신을 사랑할 때 나는 무엇을 사랑하는가라는 질문에 봉착하는 것은 오로지 자기애의 마력을 스스로 깨뜨리고 나올 때이다. 그가 자신의 육체적 욕망과 야망을 추구하는 한, 그가 무엇을 추구하는지에 대한 질문은 결코 우러나지 않는다. 아우구스티누스의 개종은 그가 사랑했던 대상의 전환에 대한 것이며, 이것은 아우구스티누스 자신이 스스로를 문제시하고 자신의 사랑을 그가 사랑했던 것에 대한 질문으로 변형시킨 것을 포함한다.

그가 신을 사랑했을 때 그가 무엇을 사랑했는지에 관한 심오하고 반향을 일으키는 질문은, 그가 추상적이거나 선험적으로 묻는 질문은 아니다. 그가 회의에서 이 주제에 대해 말하도록 요청받았거나, 후원자들이 그에게 상당한 사례금 지급을 제안하여 그가 무언가를 제시하는 편이 좋겠다고 느껴서 이런 질문을 공개적으로 벌였다고는 여겨지지 않는다. 아우구스티누스에게 '신'은, 오늘날 과학자들이 관심을 갖고 추구하는 '통합 이론'처럼 거창하게 가설적인 설명의 종류가 아니라 그의 삶을 변화시킨 주체였다. 그가 사랑에 관해 던졌던 질문은 그가 사랑 **안에**서, 사랑의 열정을 통해 제기했던 질문이었는데, 그 안에서 그가 **이미 사랑했던** 것을 이해하려고 애썼다. 오 주여, 내가 당신을 사랑할 때 나는 무엇을 사랑합니까라는 질문이 그것 안에 근거를 갖기 시작하는 것은, 신의 사랑이 그를 사로잡아 그와 그의 삶을 송두리째 흔들어 놓을 때이다. 우리는 결과적으로 어떤 것, 또는 누군가를 사랑하기 위해서는 먼저 그것들을 알아야만 한다고 보통 생각한다. 하지만 성 아우구스티누스의 저술에서 얻는 위대한 교훈 중의 하나는, 앎의 욕구를 촉발하는 것이 사랑이라는 사실이다. 사랑은 사랑받는 대상 안에 붙들려 그것이 사랑하는 대상을 이해하려는 충동에 휩싸인다. 우리는 이런 느낌을 아우구스티누스와 거의 유사한 생각을 갖고 있었던 성 안셀무스에게서도 접하게 된다. 사랑은 이 질문을 충동질하며, 적어도 그것이 이해될 수 있는 한 우리가 사랑하는 것을 이해 가능하도록 만들어 준다.

종교적 의미의 생활에서 어떤 최종적인 설명을 불가능하게 하고, 어떤 결정적인 형태로 형성되기를 거부하는 무언가를 우리는 열정적으로 사랑한다. 그의 정통적인 독자들이 《고백록》을 읽고 싶어하는 방식과는 대조적으로 나는 반드시 우리가 어떤 **고백적** 신앙을 그대로 추종한다기보다는 우리 이외의 다른 것에 대한 사랑을 고백할 때, 즉 (한 의미에서) 우리가 우리 이외의 다른 것을 의미하는 타자와 '스스로를 묶을 때'(re-ligare) 또는 (다른 의미에서) 우리가 자신의 마음을 모아(re-legere) 우리의 중심을 사랑의 초점 위에 둘 때, 종교적 심성이 마음속에서 치밀어 올라오는 현상을 아우구스티누스의 이야기가 보여 준다고 생각한다. 우리보다 위대하고 거대한 무언가가 우리를 따라와서 넘어뜨리고, 우리의 것을 박탈한다. 무언가가 우리의 힘과 잠재력 내지 가능성을 짓누르고 우리를 불가능한 무언가에 노출시킨다. 무언가가 우리에게 요구하고 자기애에서 벗어나도록 우리를 흔들어대어, 우리를 우리 자신에게서 끌어내고 다른 사람이나 앞으로 다가올 무언가에 봉사하도록 이끈다. 내가 나 이외의 보다 중요한 무언가——내가 서약을 바치는 대상으로서 그것을 가지고 있는 것보다 그것이 나를 더 많이 갖고 있는——에 엄격히 충성하고 '종교적으로' 신실할 때(religio는 '면밀한' 이나 '훈육된 방식' 을 의미하는 또 다른 어원을 지니고 있다) 종교적 생활감이 우리 마음속에 차들어온다.

비록 우리가 그것이 정확히 무언인지 명확히 느끼지는 못한다 할지라도 이러한 현상이 일어난다. **특히** 우리가 알지 못하기 때문에 더욱 그러하다. 오로지 그때에야 나는 내가 무엇을 사랑하는지 질문을 던지도록 충동질된다. 나는 내가 책임 없는 사랑의 불장난, 결혼을 동반하지 않는 구애, 출산 없는 성행위 상태에 놓여 있다는 의미가 아니라 내가 사랑에 사로잡히고 그것에 의해 자신으로부터 벗어난다는 의미에서 최소 한도나마 사랑을 지닌 사랑 안에 놓이게 된다. 자아의 전 사고가 자기애를 초월하는 무언가에——꼭 나의 아이만은 아닌 모든 아이들과 미래에, 그리고 우리들 중 가장 미약한 것에 붙들리게 된 것을 나는 감지한다. 신의 이름으로, 정의나 힘 또는 무언가의 이름으로 나는 무엇이 무엇인지를 알지 못한다. 비록 내가 전세계에 무신론자처럼 보일지리도(만약 당신이 ~~유~~신론과 ~~무~~신론 간의 점점 더 의구스러워지는 구분에 여전히 집착하고 있다면) 그러하다.

나는 고백적 신앙에 반대하려는 게 아니다. 제도권 교회와 조직된 신앙으로 무장된 종교는 좋건 나쁘건 오늘날 종교가 취한 주도적인 형태로, 그리고 가장 초기의 종교적 담화들의 영구적 보고로 남아 있다. 그것들은 종교에 주요한 도구, 구조와 사회적 지속성——이것 없이는 종교가 사라지거나 미약해질 것이다——을 제공한다. 그것들은 위대한 담화들이 보존되고 해석되며 다음 세대로 전수되는 영구적 구조——건물과 제도와 공동체——를 제공한다. 그것들은 헤아리기 어려운 정도의 봉사와 관대를 베풀며, 체계적이고 일관되게 그것을 선포하고 고양함으로써 신의 이름을 보존한다. 그것들은 또한 그들의 계층에 질서를 부여하고 불만자들의 목소리를 잠재우며, 그들의 공동체나 제도와 차이를 지으려는 사람들을 '파문'으로 배제하고, 자신들과 상이한 고백 방식을 고수하는 사람들과 투쟁을 벌이며, 일반적으로 그들과 동의하지 않는 사람들을 사악하게 보이도록 애쓰는 데 무수한 시간을 보낸다. 그 결과 불가능한 것의 사람들은 또한 불가능한 사람들이 되는데, 이 문제는 IV장에서 다루어질 내용이다. 항시 이와 같다. (그런 점에서 약간의 위안이 된다.)

제도화된 공동체들은 스스로의 동질성 내지 정체성을 유지하는 힘에 의해 규정되며, 이 힘 속에는 상이한 자를 파문할 권능이 포함된다. 만약 공동체가 너무나 많은 '타자'에게 환영받을 경우, 그것은 더 이상 공동체로서 기능하지 못한다. 타자를 환영하는 환대는 종교 기관들이 열정적으로 설교하지만 실천에는 매우 신중을 기하는 덕목이다. 우리의 종교 없는 종교를 포함하여 고백적 종교를 결여한 종교성이라는 보다 폭넓은 의미의 종교는 고백적 종교 형태들에 기생할 것이고, 그것들의 자양분을 고갈시킬 것이며, 내내 이 종교 기관들이 종교에 부여하는 세속적 조직과 영성적 목소리에 의존하면서도 자신들이 이런 종교 단체들과는 차이가 있다고 반복해서 주장할 것이다.

나는 고백적 신앙에 반대해서가 아니라 단지 그것들이 근본적인 알지 못함, 신념 없는 신앙, 비의적인 느낌에 의해 내부로부터 방해받을 수밖에 없음을, 그리고 그들이 우리 나머지와 똑같이 고백해야 하며 그들 자신이 누구인지 모른다는 사실을 주장한다. '내 마음을 사로잡은 것'이라는 표현은 좋은 제도적 범례이긴 하지만 바로 마음속의 내밀한 비밀을 위한 것이라고는 할 수 없다. 그것은 항시 이슬람이나 가톨릭과 같은 구체적이고 명

확한 종교적 신앙들——방대한 교리와 제도적 골격, 주교나 이
슬람교도의 법학자와 간헐적으로 군대를 보유한——과 그것이
믿는 바를 알지 못하고, 스스로의 머리를 누일 장소를 알지 못하
며, 스스로가 질문이 되고 우리가 우리의 신을 사랑할 때 우리
가 무엇을 사랑하는지를 알지 못하는, 보다 급진적이고 열린 종
교 간에 구분을 짓는 일이 될 것이다. 신앙은 안전하지 않다. 신
앙은 신앙의 모든 간극과 틈이 더 많은 신앙으로 충일되고, 그것
모두가 완벽하고 연속되며 균형잡힌 전체를 이루도록 한다. 신
앙은 항시——그리고 이것이 그것의 조건이다——신앙 없는 신
앙, 즉 계속해서 중단의 위협에 노출된——그렇게 말해도 된다
면——신앙의 경신·재발명·반복에 의해 순간에서 순간으로,
한 결정에서 또 다른 한 결정으로 지속될 필요가 있는 신앙이다.
신앙은 항시 비신앙이 머무를 여지가 있으며, 그런 이유로《신약
성서》상의 기도는 "주여, 내가 믿나이다. 나의 믿음 없는 것을
도와 주소서"(《마가복음》, 9:24)와 같이 완벽한 의미를 이루게
된다. 왜냐하면 나의 신앙이 불신앙으로 인해 모욕받을 수 없기
때문이다. 그것은 불신앙과 함께 구성 요소를 이루며, 그렇기 때
문에 신앙이 지식이 아닌 신앙이 된다. 왜냐하면 내가 나의 신
을 사랑할 때 내가 무엇을 사랑하는지 알지 못하기 때문이다.
나는 신을 사랑하지 않는 게 아니라——그것은 지식의 문제가
아니기 때문에——내가 사랑하는 대상이 누구이며 어떤 신인지
를 항시 자문하는 것이다.

　우리는 구체적으로 하나 또는 그 이상의 역사적·문화적·언
어적 전통 속에 자리하고, 하나 또는 그 이상의 종교 전통에 의
해 형성되는 역사적 존재이다. 우리의 종교적 열망은 우리가 속

하고 양육된 전통, 신의 이름이 우리에게 실체로 다가오는 방식에 의해 하나 또는 그 이상의 일정한 형태를 수반한다. 나는 그것을 부정하지 않고 확인한다. 나는 일부 순수하게 비의적인 종교나 비역사적이고 보편적인 종교적 진리——일반 신도들에 대해 우월한 감정을 지닌 지식인의 종교 아우프클라레(**Aufklärer**, 계몽자)처럼——의 이름으로 이같은 역사적 상황 설정으로부터 벗어나려는 바람은 추호도 없다. 역사적 육신과 피를 지니지 않은 신, 공동체와 그것의 전통이라는 실체를 갖추지 못한 종교는 비실체적 추상에 불과하다. 하지만 나는 이들 구체적 형태의 종교 생활이 역사적 우연성을 띠고 나타나는 비밀로 인해 내적으로 자각되고, 우리가 무엇을 사랑하는지의 문제에 의해 추궁받으며, 그들의 종교적 열망의 토양이 되는 구체적인 역사적 형태와 우리가 누구이고 우리가 우리의 신을 사랑할 때 우리가 무엇을 사랑하는지를 알지 못한다는 동일하게 종교적인 고백의 무규정성간의 간극을 좁히도록 강요받기를 원한다.

내가 최상위 수준의 차원에서 이야기하자면 그리스도교인은 하나님의 힘이 예수와 더불어 있고, 예수는 '하나님이 우리와 함께 있음'을 의미하는 에마뉘엘이라고 고백하며, **그리고** 동시에 똑같은 숨결로 예수께서 "너희는 나를 누구라 하느냐"(〈마태복음〉, 16:15)라고 묻는 질문에 계속해서 고민하는 사람이다. 자동차 범퍼용 광고 스티커의 응축된 지혜와는 대조적으로 예수는 대답이 아닌 질문, 징벌하기 전에 용서함으로써 모든 인간적 계산을, 예컨대 항시 지출의 잔고를 고려하고 일정 수익을 올리기 원하는 주식 중개인의 계산적 방식을 혼동에 빠뜨린 한 사람의 삶과 죽음에 의해 열린 심연의 위치에 놓인다. 남을 용서하고 우리의 것을 남에게 주도록 권고하며, 불가능한 것을 요구하고 동시에 이를 행했던 이분은 누구인가? 그의 삶과 죽음이 출생의 우연으로 인해 그의 이름을 결코 들어 본 적이 없는 사람들을 포함한 인류에게 인간 자신에 관해 무엇을 말해 주었던가? 제도들과 구조들의 축적된 일체의 권위와 힘, 감히 그의 이름으로 말하는 교리와 신학에 **의해서는** 포함될 수 없는 그 무엇이 예수에 대한 우리의 기억 속에 포함되어 있는가? 어떤 신비가 거기에 펼쳐져 있는가? 분명히 그것은 신의 사랑이 갖는 신비이다. 하지만 내가 나의 신을 사랑할 때 나는 무엇을 사랑하는가?

　나의 전통, 나의 낡아빠진 《고백록》 교본이 없다면 나는 어떻게 헤쳐 나갔을 것인가? 어떤 질문을 해야 하고, 어떤 교본을 읽어야 하며, 어떤 언어로 생각하고 어떤 공동체 속에서 활동해 나갔을지 나는 알지 못한다. 하지만 나는 고백적 신앙의 '폐쇄성'에 반대하여, 그리고 그것들이 신앙의 범위를 좁히고 다른 신앙이 개입하지 못하도록 신앙의 문을 꼭 닫아 버리거나 신앙을 폐쇄된 문 뒤에서만 안전하고 단단히 유지하며, 결과적으로 그것의 의미 자체가 불안정한 문제를 해결하는 어떤 방안이 있다거나, 우리의 불안하고 흔들리며 '고요하지 않은' 마음으로부터 초래된 환상을 갖는 것에 반대하여 간단히 말하고자 한다. 그것은 나에게 명확한 종교적 신념과 그것이 무엇을 믿는지, 또는 우리가 누구인지를 알지 못하는 신앙 없는 신앙간에 선택하는 문제가 결코 아니며, 오히려 양자간의 거리를 좁히려 노력하고 상대방을 흔들고 고민하게 하는——그리고 고민함으로써 심화시키는——방법의 문제이다. 왜냐하면 마치 우리가 무엇을 믿는지, 우리가 우리의 신을 사랑할 때 무엇을 사랑하는지를 알지 못하

는 고백의 무신앙성에 신앙이 노출될 필요가 있는 것처럼 신에
대한 보다 무한하고 확정적이지 않은 사랑이 진공 속에서 지속
될 수도, 시간과 우연을 초월한 무시간과 비역사적 그리고 초언
어적인 장소, 어떤 순수한 불확정의 사막을 차지할 수는 없기 때
문이다. 나의 생각으로는 우리가 양자 사이에서 이리저리 미끄
러지고 비밀의 사막을 제공하는 한편, 우리의 역사 전통에서 얻
는 환대와 문화에서 얻는 안식——그것 없이는 우리가 단순히
사라져 버리게 된다——을 추구하며 일상을 보내야 한다. 우리
는 스스로의 존재를 알지 못하는 장소로 향하지만, 확고한 신앙
안에서 계속해서 휴식과 환대를 얻는 사막의 방랑자로 여겨야
한다. 비록 이러한 안식처에서 얻는 안전이 그들의 안식 범위 외
부에 놓여 있는 사막의 뙤약볕과 으스스하게 차가운 사막의 밤
에 대한 불안감에 사로잡히게 될지라도 그러하다.

II

세속 세계가
어떻게 포스트세속적인가?

불가능한 것에 관한 모든 이러한 이야기는 최근에야 재차 가능하게 되었다. 그것은 '근대성' '계몽주의' '회의주의적 거장들'——그것의 정체를 '리비도적 충동' '이질적 의식'으로 규정하고 폭로한——에 의해 오랫동안 논의 밖의 것으로 치부되어 왔었다. 하지만 현대 철학자들은 '옛' 계몽주의에 대해 점차 식상해 갔다. 이들은 모더니스트적 정체 폭로자들의 실체를 밝히고, 모더니스트의 비판을 비판하며, 계몽주의자들의 미몽을 깨뜨리고, 편견에 대한 근대의 편견을 의문시하며, (옛)계몽주의를 의문시하는 신계몽주의를 모색하려는 경향을 띠었다. 그것은 불가피하게 각 계층들 내부에서 종교라는 뜨거운 감자를 두고서 사색의 전환을 초래하여, '세속적인' 지식인조차 종교에 대한 계몽주의적 의심을 의심하게 되는 상황이 되었다.

내가 이 페이지들에서 성 아우구스티누스의 글귀를 인용하고 축복받은 동정녀의 수태 고지 이야기를 환기시키는 이유도 여기에 있다. 나는 때때로 '포스트모던'이라 불리는 현 시기를 이용하려 한다. 이 단어가 만약 그것이 남용으로 인해 의미가 불명확해지지 않았다면, 내포하는 가장 중요한 것 중 하나는 '포스트세속적'일 것이다. (그것이 의미하고 또한 의미했었을 또 하나의 가장 중요한 것은 산업 사회 이후의 기술적인 '가상 문화'인데, 이에 대해서는 다음장에서 논의할 것이다.) 이러한 소위 포스트모던한 시기에는 우리가 성 아우구스티누스와 같은 위대하고 감화적인 성인을 자신의 어머니에게 은근한 눈빛을 보내는 비뚤어진 인물로 치부하지 않고서 그들의 말에 귀 기울일 수 있다. 하지만 나는 이처럼 '포스트세속적인' 사고 방식이 무비판적이고 단순하다는 점을 서둘러 부가하고자 한다. 이러한 사고 방식은 비판을 비판함으로써 종장에는 **후비판적인**(post-critical) 입장으로 끝을 맺는 '반복적인' 과정——흥미롭게도 **선비판적인**(pre-critical) 입장처럼 보이지만 사실상 그와 같지 않은——의 결과로서 나타났다. 그 결과는 선비판적인 것과 후비판적인 것 간의 유비, 그리고 양자간의 의사 소통의 가능성이 새로이 열린 점이다. 그렇지만 이것은 단지 유비일 뿐인데, 왜냐하면 후비판적인 것이 변동해 갈지라도 그러는 과정에서 또한 비판을 헤쳐 통과해 가고, 그것을 마음에 담아둘 것이기 때문이다.

그래서 세속 세계가 어떻게 포스트세속적이 되어가는지에 관한 이야기를 전개하는 것이 중요한데, 이것은 담대히 요점에 이르려는 고도로 응축된 묘사를 요한다. 왜냐하면 이것은 불가능한 것이 어떻게 최근에 불가능하게 되었고, 그런 사실이 나의 논의의 핵심과 어떻게 관련되는지에 관한 이야기이기 때문이다. 좋은 역사는 결코 이야기에 그치지 않고 항시 주장하는 내용을 담고 있는데, 왜냐하면 소금의 가치가 있는 모든 역사는 우리에게 우리가 누구인지(우리는 우리가 누구인지 알지 못한다)를 말해주기 때문이다. 다음 부분에서 근대성 그리고 그것의 '전'과 '후'에 관해 말할 것인데, 나는 그 제목을 단순히 '성례적' 시대,

‘세속화’ 시대, ‘포스트세속화’ 시대로 부르려 한다. 하지만 독자들에게 이같은 손쉬운 시기 구분에 대해 극도로 신중을 기할 것을 엄숙히 경고하는데, 나는 이에 대해 책임을 지진 않을 것이다.

성례적 시대

중세에 학문이 재생하기 시작하던 11세기 성 아우구스티누스를 심히 흠모했던 캔터베리 주교 성 안셀무스는 《대어록》이라는 제목의 책을 저술했는데, 그는 이 책을 ‘이해를 추구하는 신앙’을 향한 한 연습으로서 묘사하였다. 그는 자신이 신을 찾도록 신께서 도와 주실 것을, 그리고 어디에서 그리고 어떻게 신을 찾을지 하는 점을 가르쳐 줄 것을 요청하는 기도로 책의 첫머리를 장식하였다. “주님 당신은 **어디에** 계십니까? 만약 내가 집에서 멀리 떨어져 길을 잃고 방황한다면, 나는 나의 집이 **어디인지** 물을 것입니다. 나는 그것이 존재함을 의심하지 않지만 문제는 어디에서, 그리고 어떻게 내가 그것을 찾을까 하는 점에 있습니다.” 아우구스티누스의 《고백록》처럼 안셀무스의 질문은, 사랑은 그 자체가 이미 사랑하는 것을 이해하려 한다고 하는 훌륭한 아우구스티누스적 원리에 입각하여, 맹인이 누군가에게 계속 말하도록 요청하여 그 소리를 따라갈 수 있도록 하는 것처럼 신에게 그가 신을 찾도록 도움을 요청하며 신에게서 신으로 움직여 가는 범주를 명확히 하고 있다. 안셀무스가 추구한 신은 그를 찾는 작업 자체 안에 함축된 대로 탐색을 도와 주고 이끌며 탐색자에게 징후를 보여 줄 것으로 기대되는 탐색의 대상인데, 왜냐하면 탐색자의 관심은 세속적 관심에서 이탈해 있고, 그의 마음은 죄의식으로 얼룩져 있기 때문이다. 결과적으로 《대어록》은 제로 수준의 인지 상태로부터 무한대로의 이동이 아니라, 무언가 또는 어떤 사람 아니면 어딘가에 대한 혼란된 느낌으로부터 누구이며 어딘가에 대한 명확한 느낌으로의 이동을 묘사한다. 그것은 길을 밝혀 주는 신으로부터 신으로의, 그리고 신 안에서의 이동을 묘사한다. 만약 누군가가 안셀무스에게 그가 이 범주 밖으로 나가 출발점이나 범주 밖의 중립점으로부터 새출발할 것을 제안한다면, 안셀무스는 그를 미쳤거나 바보라고 생각했을 것이다. 안셀무스의 생각으로는 그 범주 외부에는 빛도 없고 아무것도 발생하지 않는다.

이 장면을 안무의 형식으로 표현한다거나 안셀무스가 쓴 소책자의 내용을 상세히 묘사하기란 무척 어려운 일이다. 우리는 그가 앞을 직시하면서 우리를 돌아보고 우리에게 우리를 증거와 대면케 하는 개척자적 담화를 제공해 준다는 사실뿐 아니라, 우리가 그의 기도대에서 우리에게 등진 채 기도로 상기된 얼굴로 '당신'을 향해 돌아서서 '오 주님'이라고 되뇌이는 그를 접했다는 사실에 위안을 얻을 수 있다. 그는 중대한 신학적 성찰 대상이며 우레와도 같은 의미적 효과를 지닌 형이상학적 어휘인 '신'과 애인에게 속삭이는 말로서, 그토록 부드럽고 달콤하며 우리의 언어 중에서 가장 사랑스러운 '당신'이라는 어휘를 쉽사리 통용하여 사용한다. '당신'은 결코 말로 표현된 의미나 담화의 대상과 관련되기보다는 또 다른 사람인 대담자에게 전달된 메시지에 해당한다. 우리는 열망을 품고서 "내 사랑 당신은 어디에 있나요?” “당신은 얼마나 오래도록 나로부터 돌아서 있었나요?”
하는 식으로 한숨지으며 고통받는 연인을 상상해야 한다. 이런
식의 질문은 그 장면에 또 다른 변화 요소를 추가하는 게 된다.
왜냐하면 만약 기도할 때 안셀무스의 얼굴이 신을 향해 돌아서
있다면 신의 얼굴은 안셀무스로부터 등진 상태가 되었을 것이고,
안셀무스는 그가 신의 안색을 바라보지 못하고 적어도 신이 그
를 볼 수 있는 상태라면, 신으로 하여금 얼굴을 그를 향해 돌리고
그를 내려다보며 그의 기도를 듣게 하려 한다.

안셀무스가 철학적 신학의 역사에서 가장 흥미를 끌고 빈번히
논의된 명논문집에 해당하는 《신의 존재에 관한 논쟁들》 중 하
나를 제의한 것도 이같은 맥락에서이다. 안셀무스는 이전의 책
에서 신의 존재에 관한 상당수의 덜 중요한 논의들을 개진한 다
음, 우리 마음을 흔들어 기도하도록 무릎 꿇게 하며 신의 전능한
방식에 대한 칭송과 찬양을 하도록 이끈 신이 실제 존재한다는,
한 가지의 단일하고 압도적이며 불가항력적인 주장을 편다. 유
명한 논의는 만약 우리가 스스로를 성찰하고 우리가 믿는 신에
의해 우리가 믿는 바를 판단한다면, 우리는 우리가 의미한 것이
바보나 동의하는 방식으로 ‘그보다 더 큰 것이 인지될 수 없는
것’임을 발견하게 된다는 것이다. 여기서 ‘바보’라는 말은 아이
큐가 낮은 사람이 아니라 유한한 것과 무한한 것을 혼합하고, 미
창조된 것과 창조된 것을 혼동하며, 신이 존재하지 않는다고 말
하는 사람을 의미한다. 하지만 이러한 바보조차도 그가 존재하
지 않는다고 말하는 신에 의해 의미하는 바를 알며, 이것이 그가
마음에 품고 있는 생각이라는 점에 동의한다. 그렇지만 그보다
더 이상 크게 인지될 수 없는 것은 **단지** 마음속에 존재할 수만은

없는데, 왜냐하면 그럴 경우 마음 외부에 **실제** 존재하는 것이 그 것보다 크게 될 것이기 때문이다. 이로부터 신보다 더 위대한 무언가가 인지되지 않도록 하기 위해서는 그보다 더 이상 크게 인지될 수 없는 대상인 신이 마음에서뿐 아니라 실제로도 존재할 필요가 있어야 한다는 논리가 뒤따른다.

이 주장의 복잡한 미로를 탐색해 온 상당수의 주석가들은 그간 관심 밖에 놓여져 왔었다. 비록 그러려고만 한다면 내가 심연으로부터 사라지기 전에 여러분이 나로부터 듣게 될 마지막 말이 이 논의가 형식적으로는 유효하지 않다는 반대의 말이 되겠지만, 나는 그들 속에 나 자신을 부가적으로 포함시킬 의도가 없다. 그럼으로써 나는 나의 목소리를 나 이상으로 형식적 논의를 좋아하지 않았던 토마스 아퀴나스의 목소리에 부가할 것이다. 그리고 그는 성인이었다. 나는 성인이 아니며, 자신이 이미 믿는 것을 더 잘 이해하고, 그래서 자신이 이해하게 된 것을 더욱 사랑하도록 하기 위해 자신의 신앙에 이해력을 더해 줄 것을 요청하는, 즉 좀더 나은 이해력을 추구하는 신앙인의 맥락에서 논의의 논리보다는 장면의 안무에 보다 흥미를 느낀다. 나는 바로 신이 그토록 완벽하고 충만하며 진정으로 사실적이고 넘치기 때문에 존재하지 않을 수 없다는 안셀무스 신의 존재론에 관심이 있는데, 안셀무스는 신의 충만함으로 세례받고 신에 대한 이해 불가능성을 존중하는 종교적 경험으로부터 이러한 사고를 추론하였다. 안셀무스는 신 자체의 규정적 개념, 즉 신이 인지하는 것을 우리가 인지할 수 없으며 신이 개념을 초월하여 편재한다는 개념을 받아들인다.

나의 관심——안무——은 안셀무스가 신 너머의 신, 어떤 개념으로 인지되는 신 너머의 신에 대해 신실하고 경외를 담은 사랑으로 무릎을 꿇고 이 논의를 개진한 점에 있다. 그는 스스로 안에서 신을 발견하고 신 안에서 스스로를 발견하며, 그런 다음 자신이 믿는 바를 명확히 하려 하고 최종적으로 그가 믿는 것을 이해하도록 도와 준 신에 대해—— '당신'에게——감사함으로써 결론 맺는다.

세속화

이 논의가 17,8세기에 재개되었을 때 상황은 안셀무스 당시에 비해 비견할 수 없을 정도로 현저히 변화된 모습을 띠고 있었다. 안셀무스의 논의가 근대성이라는 측면에서 옹호되었던 반박되었던 간에, 그 논의에서 안무는 무시되고 모든 촛불은 꺼졌으며 종교적 영성은 고갈되었다. 성 안셀무스의 기도와 눈물은 메마른 눈, 강퍅한 논리로 대체되었다. 수도원의 예배당, 여유로우면서도 장엄한 그레고리우스 성가와 수도사의 기도대가 모두 사라졌다. 그의 논지는 칸트에 의해 '존재론적' 논의라는 딱지를 부여받게 되었는데, 칸트는 이 개념을 경험적이고 실험적인 자료가 아니라 순수하게 선험적인 사고로부터 추출된 논의로 정의하였다. 하지만 안셀무스의 안중에 이런 식의 사고 방식이 자리잡을 여지는 없었으며, 그것은 종교적 경험의 대양으로부터, 그리고 그가 명쾌히 밝히고 영예를 드높이고자 했던 신의 무한한 선과 충만함에 대한 스스로 안에서 우러나는 아우구스티누스적 경험으로부터 씻겨져 나간 것이었다. 그 사이의 6,7세기간에는 데카르트로부터 칸트에 이르는 철학자들이 '의식'과 '의식적 주관'의 관념을 배태해 왔다. 의지가 엇갈리며 불안정한 마음을 지녔기에 자문하고 열정적으로 기도하며 흐느끼는 죄지은 존재로서의 '자신'이라는 아우구스티누스적 관념은, 비록 파스칼이나 나중에 키에르케고르의 경우처럼 근대성의 경계선상에서 여전히 발견되긴 하지만 대체되고 말았다. 그 대신 우리는 그것 중 현상계 안의 객관적인 것을 나타내는 것과 단순히 내적이고 주관적인 것으로 치부될 것을 분류하려는 마음을 표명하며, 전적으로 잠재력과 가능성을 책임진 주권적이고 자의적이며 냉담한 '생각하는 존재(thinking thing)'를 발견한다.

여러분이 그간 발생한 것을 묘사할 수 있는 또 다른 방법은 누군가가 '종교'를 발명했고, 그것을 '이성'의 영역 외부의 것으로 선언했다고 말하는 것이다. 중세에 religio 용어는 미덕, 즉 신을 향한 엄격하고 신실한 충성심과 사랑을 지니고서 종교적이 되어가고, '종교적으로' 신에게 의무를 다하려는 습관을 의미하였다. 이것이야말로 내가 옹호하고 싶은 종교의 느낌이다. **진실된 종교(Vera religio)**는 '진정한 종교'와 '그릇된 종교' 간의 대결이 아니라 진실로 정의롭게 되는 것과 같은 것이다. 그렇지만 이성 · 정치 · 예술 · 과학 · 상업과 구분되는 것으로서의 '종교'라 불리는 분리된 영역이나 규정된 국면은 없었다. 이들 여러 영역의 거장들과 수행자들은 정도의 차이에 따라 종교적이거나 비종교적이었고, 자신들의 종교적 의무에 대해 신실하거나 냉소적이었다. 분명 교회는 거대한 제도적 장치이고, 교황이 때로 왕들과 서사시의 주제가 될 만한 전쟁을 벌이기도 하였다. 이처럼 그리스도교 세계——또는 모슬렘 세계——에서 살아간다는 것은 삶의 일체 행위가 해당 종교에 의해 전적으로 영향받음을 의미한다. 그리스도교·이슬람교·유대교는 모든 것을 뒤덮고 틈새를 채워가며 구성원 모두가 숨쉬는 공기와도 같이 되었다. 하지만 근대적 의미에서 '세속적' 질서와 **분리된** 영역으로서의 '종교'가 존재하지 않은 것은 바로 이같은 이유에서이다. '세속적'이란 표현은 '종교'와 분리된 영역이 아니라 수도원 교단의 구성원이 아닌 사람을 가리키는 말이다. 13세기 파리에서 '세속적 거장'들은, 만약 이 용어가 자신들이 종교적이지 않음을 함축한 것으로 여겼다면 대단히 황당해했을 것이다. 어느 누구도 성당의 탑을 디자인하고 축조하는 데 심혈을 기울였던 익명의 건축가들이나, 그리스도의 삶과 유대인의 성경에 기초한 벽화를 그린 익명의 미술가들을 '종교적' 예술가로 묘사하려는 생각을 갖지 않았을 것인데, 왜냐하면 그런 행위가 자신들을 다른 모든 사람과 구분해 주는 것이 아니었기 때문일 것이다. 그들은 건축가와 미술가일 뿐이었고, 그들의 작업은 마치 성직자의 직분이 성사를 베푸는 일이었던 것처럼 성서적 생활을 신자들에게 가시적이고 감지할 수 있도록 만드는 것이었다. 르네상스에 이르러서야 '세속적' 주제들이 나타나기 시작했는데, 그러한 최초의 것 중 하나는 일편적인 '종교적' 주제가 아닌 일반민의 생활과 평화로운 시골 정경을 묘사한 〈좋은 정부의 비유〉라고 지칭된 14세기 시에나 지방의 프레스코였다.

결과적으로 그 충만함을 안셀무스가 매일 기도와 예배식에서 그리고 일상에서 경험한 것을 바탕으로 개진한 논의가, 칸트 시대에 이르러서는 존재가 예측 가능한지에 대한 논의로 변질되고 마는 상이한 세계로 이식되었다. 정의는 단언하는 것이고, 존재는 단정지을 수 없는 것이기 때문에 우리는 단순히 S에 대한 정의로부터 S한 것의 존재를 추론할 수는 없는 것이라고 칸트는 주장한다. 그것은 **준비 가능한** 1백 달러에 대한 생각과 **실제로 존재하는** 1백 달러에 대한 생각 간에 한푼의 가치 차이도 없다고 여기는 방식과 같다. 현실적으로 우리의 호주머니 안에 들어 있거나 은행에 예치된 1백 달러에 대한 생각에서보다 1백 달러에 대한 단순한 생각이나 정의에서 1페니가 더해지거나 덜해지지는 않는다. 유일한 차이는 현금의 경우 의식하는 주체가 1백 달러의 현실적 존재를 '단정할 만한' 근거가 있지만, 생각의 경우에는 그렇지 않다. 존재는 단언들의 복합체인 어떤 S를 '단정하는 것'과 관계되지만, 그 자체로 단언이 되지는 않는다.

다음 경우를 보자.

우리는 자신의 분류 감각과 사고를 통해 단순히 내적으로 주관적인 정시적 사건들과 진정으로 '외적 대상들'을 표상하는 것들 간에 분류할 책임을 진, 생각하고 합리적인 '주관'으로 구성된 세계로 들어간다. 근대성 이전에는 상황이 정반대였다. 중세인들은 '활기 없는'(영혼이나 **정념**이 없는) 것들을 스스로 안에 '축소된 것'으로 간주하는 반면, 영혼을 소유한 존재는 자신의 육체적 한계를 넘쳐흘러 세계로 뻗어 나가려 한다고 보았다. 중세와 고대의 철학자들은 지식을 외적인 것들을 표상하는 '내적 사건'으로 여기지 않았다. 대신에 그들은 지식을 영혼이 전세계를 포용하고——영혼은 어떤 면에서는 모든 것이라고 아리스토텔레스는 말한 바 있다——그것과의 통합 내지 **동일함**(idem fieri)을 형성하는 행위로 간주하였다. 세계가 항시 줄곧 영혼을 사로잡았을 때조차도 영혼은 항시 줄곧 세계를 향해 열려 있었다. 이러한 사유는 내적 감옥을 깨뜨리고 외적 세계로 나가는 것이 아니라, 우리가 줄곧 파묻혀 있는 세계와의 애매하고 불명확한 계약을 명료하게 하는 것이다.

그러나 근대인들은 '신과학'과 갈릴레이가 객관적 '대상'에는 측정 가능한 질량과 속도와 시공간적 지위를 부여하는 한편, 주관적인 면은 '빨강'이나 '따뜻한'과 같이 감각적인 것으로 치부하는 방식을 모범으로 취하였다. 코페르니쿠스에 뒤이어 갈릴레이는 객관적인 수치로 지구가 태양 주위를 도는 운동을 설명하고 주관적인 수치로 태양의 '떠오름'에 대한 지각적 경험을 묘사하면서, 그런 종류의 주관-객관 분류가 얼마나 멀리까지 확장될 수 있는지 하는 점을 파악하려는 계몽주의 철학자들에게 논제를 제시하였다. 그러자 교회는 신이 코페르니쿠스보다 프톨레마이오스를 더 선호했다는 내용이 이 논제에 포함되어야 한다고 결정하였다. 갈릴레이는 경건한 사람이었고 진지한 가톨릭교도였지만, 교회는 그와 그리고 궁극적으로 근대 과학과 치명적으로 상처를 입을 수밖에 없는——왜냐하면 교회가 우연적인 역사적 구조물과 신의 마음 간에 분간을 지을 수 없기 때문에——전쟁을 개시하였다. (교회는 중세의 가장 위대한 과학자 중 한 명인 성 알베르투스 마그누스와 전쟁을 벌일 명분은 발견하지 못했다.)

그 결과 근대성 측면에서 신의 문제는 심각하게 변질되었다. 우리 모두는 무릎을 꿇고 시작하는 대신 '이성'이라는 법정의 딱딱한 좌석에 엄숙하게, 그리고 근엄한 얼굴로 좌정한다. 신은 손에 모자를 든 피고처럼 개회된 법정 앞으로 끌려 나와, 만약 그가 법정의 인가를 얻길 기대할 경우 스스로를 변론하고 '자신의' 존재론에 관한 증빙 자료를 제출하도록 요구받는다. 안셀무스의 관점으로 보면 이런 유의 세계에서는 당신이 그 증거가 아무리 유효하다고 결론짓는다 하더라도 신은 이미 죽은 것이 되고 마는데, 왜냐하면 당신이 증명하거나 부인한 것으로 여긴 것이 그 무엇이건 안셀무스가 기도와 예배식에서 경험한 신이 아니라 우상에 해당하기 때문이다. 이 신이 존재해야 할 충분한 이유가 있는가의 여부를 법정은 알길 원한다. 만약 이성이 있다면 그것은 경험적인가, 아니면 선험적인가? 그것은 선한가, 아니면 악한가? 그 문제를 결정하기 위해 법정이 개회되었다. 피고는 스스로를 변론하기 위해 무엇을 말해야 할까? 당신이 말할 것은 무엇인가? 단지 약간의 찬송, 경건한 기도와 분향뿐인가? 그는 변론인으로 누구를 부를 것인가? 셰이커교도(Shakers, 공동 생활·공산제·독신주의를 표방하는 미국 그리스도교의 일파), 퀘이커교도(Quakers), 성령 배령자들(Spirit-seers)인가?

다음 경우를 보자.

이성의 '법정' 비유는 근대성과 계몽주의에 대한 칸트의 근본적 정명 속에 내포된 유포적 특성에 해당한다. 근대성은 재판권 내지 법 문제들을 해결할 필요에 대한 강렬한 의식을 포함하고 있다. 법리적 측면에서 우리는 무슨 권리로 S가 P라고 말하며, 그렇게 단언하는 것은 누구의 영역이나 전능에 속하는가? 또한 사실적 측면에서 무엇이 객관적인 자료인가? 우리는 경험적 연구들을 갖고 있는가? 근대적인 요소들은 엄격한 의미의 경계, 한계와 적절한 영역을 지니며, 경험적 연구들은 모든 것에 대해 정연하고 명쾌하게 이 경계들을 긋는 방향으로 움직인다. 그것들은 주관과 객관, 의식과 외적 세계, 과학과 종교, 신앙과 이성, 공적인 것과 사적인 것, 합리적인 것과 비합리적인 것, 경험적인 것과 선험적인 것, 인지 가능한 것과 그렇지 않은 것, 사실과 가치, 존재와 당위, 묘사와 규범, 성스러운 것과 세속적인 것, 종교적인 것과 세속적인 것 간에 구분선을 그을 것을 주장한다. 이러한 구분을 지음에 있어서 그들은 자신들이 구분하고 있는 범주 자체를 만들거나 발명하였는데, 그 중 어느것도 분명 이들 개념의 정확한 의미에서 근대 이전에는 존재하지 않았었다. 신, 즉 '당신'과 영혼 간의 교제가 아우구스티누스와 안셀무스에게는 더 이상 '밀접한' 것이 될 수 없었던 반면, 이들은 그런 교제가 결과적으로 주관적이고 사적이며 인지 불가능하다는 말을 들으면 놀라지 않을 수 없었을 것이다. 아우구스티누스는 만약 당신이 신을 발견하길 원한다면 모든 것 중에서 가장 중요하면서도 초월적인 것은 외부로 드러나지 않고 영혼 내에 머물러 있다고 말할 것이다. 만약 당신이 (내 안으로) **들어간다면** 당신은 (내 위로) 올라갈 것이다. 아우구스티누스와 그의 계승자들이 신앙과 이성 간에 분명한 구분을 두는 한편, 그들은 이러한 구분을 전 공동체의 연속적인 추이상의 단계들을 나타내는 지속적인 상향의 길을 따라 놓인 이정표나 표식처럼 다루었다. 그들은 그것들을 외적인 것과 내적인 것, 공적인 것과 사적인 것 간에 상호간 분리된 국면이나 영역으로 생각하지 않았다.

이 모든 것이 칸트가 지식(진)·윤리(선)·'미학'(미)으로 비판적으로 분류한 '세 가지 **비판**(three Critiques)'에서 주류를 이루는데, 이러한 분류는 '이성'의 영역에 대한 비판적 구분과 상응하는 것이기도 하다. 칸트는 뒤에 나온 책에서 이 세 가지에 '이성 자체의 영역 내의 종교'로 규정될 수 있는 영역을 부가한다. 한 예를 들자면 칸트에게 '예술 작업'은 주관적인 미학적 감각에 해당하지만, 그것이 어떤 '진실적' 내용을 결여한 것으로 보인다. 그것은 보다 후기의 미학주의, 즉 예술을 위한 예술, 보헤미안 예술가의 이미지, 르네상스의 위대한 예술가들을 고심하게 만든 이미지의 기초를 마련하게 될 것이다. 근대의 미술 화랑은 칸트가 만들고 강화해 준 분류의 힘을 현시하는 시금석 역할을 한다. 여기에는 다양한 시대와 장소에서 그려진 상당수의 미술 작품들이 주말에 이것들을 보러 오는 미학적 주체(그들이 표를 소지할 경우) 앞에서 관람을 위해 걸려 있다. 미술 화랑은 미술이 나머지 대중적 생활로부터 유리되고 주체적 관람자만을 위한 그림이 되고 마는 **근대** 특유의 방식인 반면, 고대와 중세 세계의 미술은 대중의 정치 생활과 기도 속에 용해되어 있었다. 칸트의 '세 가지 **비판**' 은 우리 모두를 과학으로부터 윤리학이나 미학으로 뛰어넘게 하는 면에서 마치 일군의 섬으로 구성된 군도와도 같은 효과를 만들어 냈다. 종교 면에서 우리가 '이성' 의 목소리이며, 또한 신의 목소리이기도 한 도덕률을 취할 것을 칸트는 강조한다. 따라서 신은 자기 본령의 섬을 갖는 게 아니라 윤리학의 섬 위에 자신의 신전을 건축해야 한다. 그것은 우리가 보편적 윤리 내용을 담는 종교 속의 합리적 요소와, 미신적이고 초자연적인 신조 내지 여러 종교간에, 다양한 주술적 관행간에 구분해야 함을 의미한다.

레싱이 《현자 나탄》을 썼을 때, 그는 탁월한 계몽주의적 관점을 극화하였다. 예루살렘의 모슬렘 술탄이었던 살라딘이 제시한 함정 문제, 즉 그리스도교와 유대교 그리고 이슬람교 중에서 어느 종교가 진정한 것인지에 대한 질문에 대한 응답에서, 현명한 유대인 상인이자 외교관이었던 그는 술탄에게 세 반지에 관한 우화를 이야기한다.(3막 7장) 세 아들은 그 중 하나에 자신의 사랑하는 신을 만들 마력이 담겨진 똑같이 생긴 반지를 각기 부여받았는데, 셋 중 아무도 어느 반지가 그러한 효력을 지녔는지 알지 못했기 때문에, 각각의 아들이 자신의 반지가 진짜임을 증명하는 유일한 방법은 진정으로 신의 사랑을 받을 가치가 있는 모범적인 윤리 생활을 영위하는 것이었다. 세 반지는 그 책 속의 위대한 세 종교를 상징하는 것으로, 그것들 모두가 신의 눈에는 동등하게 진실하다.

만약 우리가 종교적인 사람을 불가능한 것과 계약을 맺었던 사람으로 규정한 입장으로 되돌아가 본다면, 우리는 칸트를 **가능한** 것의 경계들을 순찰한 경관으로 묘사할 수 있다. 참으로 칸트는 경찰서장이다. 칸트는 항시 과학이나 예술, 윤리나 종교 등 이러저러한 것의 가능성의 조건들을 설정하고, 그것들을 엄격히 그것들의 경계들 내에 포함시키려고 하면서 무엇이 가능하고 가능하지 못한지를 우리에게 말해 준다. 이런 이유로 그는 과학에 대해서는 확실성을, 윤리에 대해서는 도덕성을, 예술에 대해서는 심미성을 각 속성으로 규정함과 동시에 종교를 윤리의 영역으로 축소시켰다. 칸트의 세계에서는 애매한 경계나 혼합된 그림자는 결코 존재하지 않았다. 그는 각 영역들간의 중첩을 허용하지 않았고, 그것들을 가능성의 지평 너머로 열어 놓는 데 흥미가 없었다. 궁극적으로 이 모든 그의 논리가 조금은 지루하게 느껴져 당신이 불가능한 것에 관해 그에게 질문한다면 그는 당신이 조금은 제정신이 아니고, 이른바 일종의 비합리적인 과도한 상태(Schwärmerei)에 있다고 비난할 것이다. (물론 우리는 그러하지만, 그것은 신성한 광기로서 독일 철학자들의 제정신 상태보다 훨씬 선호되어야 마땅하다. 이에 대해서는 나중에 언급하고자 한다.)

우리의 예언자: 키에르케고르와 니체

헤겔은 적절하게도 칸트에게서 핵심적으로 드러나는 근대성
의 대립적이고 이분적인 사고 방식이 오류라고 생각하고 이를 타
파하였다. 그는 칸트가 '이해'라는 '추상적인' 개념을 구체적인
삶의 농밀한 통합으로 용해되는 얄팍하고도 일면적이며 형식적
인 용법과 바꿔친 것이라고 생각했다. 그는 칸트의 '도덕률'이
형식적이고 공허한 도덕 자체를 위한 도덕성이며, 이는 궁극적
으로 역사 공동체의 구체적인 사회·윤리 생활에서만 획득될 수
있는 것으로 여겼다. 그는 이성의 기초는 시간 속에서 펼쳐지고,
보편성이 구체성이라는 몸체의 발달을 필요로 하며, 영원성이
날개를 펴기 위해서는 시간이 걸린다는 점을 들어 통시적 선험
성에 대한 칸트의 집착을 비판하였다. 이성의 역사적 속성을 주
장하고, 계몽주의자의 추상적이고 탈역사적인 합리성 주장을 일
축한 점에서 헤겔은 어느 정도 명쾌한 길로 들어섰다. 하지만 헤
겔이 결코 이성이 '체계'라는 칸트의 계몽주의적 사고를 의문시
하지는 않았으며, 이런 사고가 헤겔로 하여금 역사 과정이 신성
한 이성의 법칙 내로부터 규제된다는 주장으로 이끌었다. 헤겔
은 칸트의 추상적 '이해'를 구체적인 역사 상황에서 반대 요소
들의 수렴을 이해하고, 역사가 시간 속에서 진행되는 신의 자서
전임을 통찰하는 힘으로서의 역사적 '이성'과 바꿔치기하였다.
　그렇지만 그리스도교가 헤겔이 핵심적인 '개념적 진리'로 묘

사한 아름다운 종교적 '그림'의 밑바탕이며, 그의 철학이 '이성'의 수준으로 고양된 '그리스도교'라고 그가 주장할 때마다 키에르케고르는 고통 속에서 신음하였다. 일련의 열정적이고 탁월하며 재기 넘치는 익명의 저술들을 통해 키에르케고르는 아브라함과 이삭의 신이 독일 형이상학자들로부터 그 자신에 대한 설명을 듣고자 세계로 임하신 것이 아니라고 불평하였다. 그리스도교도가 사자에 직면할 용기를 지니고서 스스로를 그리스도교도로 자인했던 호교적 시대와는 대조적으로, 오늘날에는 전세계(서유럽을 의미하는)가 스스로를 그리스도교도로 지칭한다. 키에르케고르가 지나치게 많은 철학자와 지나치게 적은 사자를 둔 세계를 묘사하기 위해 사용했던 개념이고, 모두가 스스로를 그리스도교도로 부르는 '그리스도교 세계'에서 본질적 임무는 그리스도교 신앙을 넘어서서 '체계' 즉 철학적 '진리'인 '이성'에 이르는 일이다. 하지만 요한네스 드 실렌티오가 지적한 대로, 그는 아버지 아브라함을 능가하기는커녕 모리아 산상에 다다를 때까지 아브라함을 휩쌌던 두렵고 경외로운 신앙, 공포와 전율에 이르려고 시도했지만 성공하지 못한 채 전 생애를 보냈다.

'포스트'란 표현, 이른바 포스트모던 · 포스트세속적 또는 포스트형이상학적(post-metaphysical)이란 용어들이 처음 나타난 것은 키에르케고르로부터였음을 강조하고자 한다. '제도'에 반대하여 키에르케고르는 신과 '개별의 개인' 간의 관계라는 입장을 취하였다. 왜냐하면 성서 안의 신은 우리 모두의 머리칼 수를 헤아리시고, 모든 눈물을 감지하시며, 우리 안에 안전하게 있는 아흔아홉 마리(수백만을 의미하는) 양보다 한 마리의 잃어버린 양을 선호하시기 때문이다. 자기 마음의 종교적 순화를 재강조

함으로써 키에르케고르는 우리를 아우구스티누스에게, 신 앞에
(coram deo) 무릎을 꿇는 모습으로 되돌아가게 해준다. 우리가
행한 행위들의 외적으로 세속적인 ‘결과’는 신의 수중에 놓여 있
다. 역사는 시간 속에서 합리적으로 펼쳐지는 ‘영원성’의 이야기
가 아니라 신이 인간이 된(God-become-man) 순간에 놀랍게도
영원한 것이 시간 속으로 끼어드는 것, 즉 하인의 모습으로 나
타난 신——유대인을 분격하게 하고, 철학자들을 곤혹스럽게 한
——이 이성과 역사의 체계에 부딪친 사건에 대한 벅찬 마음의
순간에 대한 이야기이다.

　　과거 20세기 중엽에 우리는 키에르케고르를 ‘실존주의의 아
버지’로서 존중한 바 있는데, 반면 오늘날 상당수의 ‘포스트모
더니스트들’도 그를 자신들의 최초 선각자로 여긴다. 키에르케
고르는 ‘철학 체계’에 의해 짓밟힌, 그러나 이제 처음으로 “충분
해, 누군가가 나를 여기로부터 끌어내고 있어”라고 피 흘리며 외
쳐댄 선각적 인물이다. 즉 19세기로부터, 철학으로부터, ‘절대적
철학’으로부터 벗어나게 하였다. 키에르케고르는 모든 이러한
‘절대적 지식’으로 인해 질식하였고, 그런 관계로 ‘이성’의 신봉
자들에 의해 제정신이 아닌 존재로서 취급받았다. 로마인들에게
보낸 서한집의 저자와 마찬가지로 탁월하고 신랄한 여러 익명의
저자로서 활동한 그는 세계가 분별력을 지니지도, 인간이 그들
자신의 철학적 이성만으로 스스로를 고양시키지도, 그리고 도덕
률의 건전성으로 우리를 보편화할 수 있다고도 생각하지 않는
다. 그는 셰익스피어의 《리처드 3세》의 첫 장면인 “험하게 낙인
찍힌 나는 사랑의 후광을 믿는다……”(3막 1장)라는 대목이 존재
의 두려움에 관해 추호의 생각도 갖고 있지 않은 철학자들의 모

든 도덕적 논설들보다 가치 있다고 생각했다. 우리 모두는 잔혹한 양모 앞의 아이와 같은 존재로서 상처받아 왔으며, 윤리학은 우리를 웃음거리로 삼는다. 그는 존재를 흘린 피가 신앙의 변화하는 도약에 의해서만 지혈될 수 있는 벌어진 상처로 여겼으며, 그런 이유로 '포스트모더니즘'의 한 갈래의 선구적 인물에 해당하는 인물이 사도 바울이라고 나는 생각한다.

다른 한편 니체의 경우 사도 바울은 결코 소홀히 되어서는 안 될 사람들의 목록 중 최상위를 차지한다. 이 사실은 변함없이 키에르케고르와 니체의 관점이 심도 있게 수렴되는 대목도 있지만, 그럼에도 불구하고 양자가 심히 다르다는 면에 주의와 공감을 갖는 독자들을 놀라게 하기에 충분하다. 그것은 어떤 유형을 타파하기 위해 이러한 모습을 취한다. 니체는 19세기에 포스트모던적 지위를 차지하는 또 다른 선각적 인물로서 도움을 절망적으로 요청하는 또 다른 목소리이자, 세계를 거칠고 길들이기 어려운 소용돌이로 간주하는 학술적 아웃사이더 내지 이질적인 철학자였다. 키에르케고르와 마찬가지로 니체는 광기적으로 아름답고 헐뜯듯이 재치 있으며 학술권의 범주 내에서는 생존할 수 없는 안전부절하게 하는 경구적 문체로 글을 씀으로써 전통적인 철학 방식을 깨뜨리고, 또 하나의 익명인 '차라투스트라'를 '요한네스 클리마쿠스'와, '요한네스 드 실렌티오'와 동류의 대열에 합류시킨 탁월한 스타일리스트였다. 이 두 인물은 혈서로서 글을 남긴 비참할 정도로 불행했고 고통받은 천재들이었다. 만약 그들이 종장에 세 명의 자녀를 거느리고 주말에 잔디를 가꾸며 행복한 결혼 생활을 했더라면, 우리는 결코 그들로부터 한마디도 듣지 못했을 것이다. 그들은 19세기를 "광기어린 사람들의 도래 시대, 평범함—대량적 가치, 대량적 독서 습관, 대량적 사고 방식(내지 사려의 빈곤)과 외길 추구와 열정을, 소멸을 동반한 부르주아 중산층의 승리 시대로 보는 것과 같은 진단을 내리게 하는 데 상당히 기여하였다. 양자 모두 '그리스도교 세계'의 범용함으로 인해 입 주위가 새파랗게 질린 인물들이며, 실질적으로 오늘날 미국 교외의 매체화된 문화의 출현을 예견하였다.

그렇지만 그들은 점점 더 메말라 가는 19세기 유럽 문화에서 열정의 강도와 독특성을 표출하는 용기면에서 극도로 상이한 치유책을 처방하였다. 니체의 경우 그리스도가 아닌 디오니소스, 종교적 신념의 열정이 아니라 미학적 만족의 황홀감으로 돌아섰다. 키에르케고르는 유럽인의 신앙이 활력을 상실했다는——키에르케고르에게 '그리스도교권'이 의미하는 바는 바로 이와 같았다——세계 측면에서 "신은 죽었다"는 니체의 말에 동의했을 것이지만, 그는 자신의 머리 위로 《신약성서》를 붙들고 아우구스티누스가 "일어서서 약속하라(tolle, lege)"라고 외치면서 연륜이 오랜 유럽의 거리들을 누빔으로써 이러한 활력을 회생시키고자 하였다. 이 책을 펴 당신이 선택한 어느 부분에서건 읽기 시작하라. 그러면 당신은 부르주아적 그리스도교 세계가 주는 안락이 복음적 생활의 진정한 요구와는 모든 면에서 모순됨을 알게 될 것인데, 왜냐하면 그리스도적 삶은 십자가의 길이고 매순간 재확약될 필요가 있다는 면에서 신앙적 열정을 고수하기가 무한히 어려운 길이기 때문이다. 당신이 세례받았고, 니케아 신조(Nicene Creed)에 당신의 이름을 올렸다는 생각으로 맘 편하게 여기지 마라. 그것은 자신들이 철학에 의해 구원될 수 있다고 생각했던 이방인들이나, 율법에 의해 구원되었다고 생각한 유대인들 및 이 세계가.정상적이라고 생각하는 다른 모든 사람과 다를 바 없다. 우리는 안락한 삶으로 십자가를 벗어던질 수 없는 존재 이다. 우리는 이 세계를 향해 십자가를 지지 않으면 안 된다.

　다른 한편 니체는 당신이 《신약성서》를 손에 들 경우 그것에 오염되지 않도록 장갑을 끼어야 한다고 생각했다. 니체는 무한한 우주 공간을 소용돌이치고 휩쓸어 가며, 자신의 에너지를 구축하거나 허물어뜨리며, 곧 원상태로 복귀하는 많은 힘들과 관련하여 끔찍한 세계관을 지니고 있었다. 우리는 우주의 먼쪽 한구석에 위치해 있으면서 스스로를 자랑스러워하는 미약한 동물에 불과하다. 우리는 만약 제대로 된 삶을 엮어 나가려면 이러한 혼돈에 의해 제시된 것보다는 정리된 세계관을 필요로 한다. 그래서 우리는 우리에게 영감을 주고 우리를 인도하는 특성을 지닌 '자아'나 '자신' '원인'과 '법칙' 처럼, 그리고 '진실과 오류' '존재와 현상' '선과 악' 처럼 우리가 필요로 하는 범주, 즉 우리를 위해 그것들을 조직할 힘이나 어법을 단순화시킬 용어들을 발명하였다. 이것들은 우리가 짜서 쓰게 되면 얼굴을 알아보기 힘들게 되는 베일처럼, 우리가 만들었기에 제 힘들의 표면 밑으로 잠수해 가는 모든 표식들, 우리가 고안해 낸 수많은 허구적 문법들이다. 하지만 이 용어들은 제반 세력을 제어할 만한 힘이 없으며, 이같은 문법의 베일 밑에서 제반 세력들이 계속해서 작용하고 있다. 멀리 떨어진 행성은 매우 신속히 자전하여 그 자체의 태양 속으로 빨려 들어가 미약한 동물들은 흔적도 없이 사라지게 되어 있다. 그리고 나서 제반 세력들은 호흡을 가다듬은 다음 재차 무한한 우주의 하늘을 가로질러 춤을 계속해서 춘다.

　키에르케고르와 니체 양자 모두에게 세계는 혼돈의 소용돌이이며, 우리가 개입을 요청하지 않은 지각없는 게임 주체이다. 나는 왜 태생에 관해 자문받지 못했을까라고 익명의 키에르케고르 중 한 명이 묻는다. 나의 불평을 들어 줄 매니저는 어디에 있는가? 키에르케고르와 니체 모두에게서 조각으로 찢겨진 신의 형상이 무대 중심을 차지한다. 니체에게 '디오니소스'는 세계를 관장하는 신이 아니라 세계와 생명 활동의 신, 가을마다 줄기까지 베어졌다가 봄에 이르러서야 다시 태어나는 포도나무의 신이며, 탄생과 죽음을 끊임없이 반복하는 주기적 재생의 그리고 축제의 신이다. 생명을 향해 진정으로 '예'라고 말하는 그는 악의 없는 선, 죽음 없는 생명, 고통 없는 기쁨을 취하려고 애쓰며 행운을 빌지만 온전히 그렇게 행하려 하는지는 의문이다. 오히려 그는 축소나 약화 또는 대체 없이 삶 전체에, 그리고 삶과 죽음이 **함께하는** 전체의 바퀴를 향해 '예'라고 대답하는데, 왜냐하면 이 둘 각각은 황금의 고리로 타자에 연결되어 있기 때문이다. 키에르케고르에게 조각으로 찢겨진 신은 십자가형을 당한 그리스도로서 '그'가 흘린 희생의 피는 우리를 적시고, 죽음과 죄악의 이 몸체로부터 우리를 구원하시고자 세상에 강림하여 인간의 육신을 취했으며, '그'가 종말에 재림할 때 우리를 '그'와 함께 데리고 가 주시려는 초월적 신이다.

키에르케고르와 니체에게 계몽주의적 '이성'과 헤겔식의 '절대적 지식 세계'는 훨씬 뒤편에 남겨져 있다. 그들은 각기 자신의 방식으로 종족적 학살이 시간 속에 임한 정신의 자서전적 역사라는 헤겔식의 낙관적 관점을 조롱거리로 삼은 20세기의 광기를 예견하였다. 이런 까닭에 20세기는 이들을 종족 학살의 예언자로 간주한다. 키에르케고르와 니체는 계몽주의 이후의, 헤겔 이후의, 그리고 철학 이후의 세계관을 묘사한다. 왜냐하면 키에르케고르가 격정의 심정으로 독일 형이상학의 감춰진 부분을 잠식해 나간 이후, 그리고 니체가 철학자들이 투사한 '실제 세계'가 어떻게 '우화'가 되었는지에 관한 이야기를 말한 이후에 아무도 감히 철학에 대해 다시 쓰려 하지 않았기 때문이다.

19세기말경 신은 참으로 지식인들 사이에서 종언을 고하였다. 종교적 신념은 과학적으로 의심스럽고(다윈), 정신분석학적으로 뒤틀린 것이며(프로이트), 정치적으로 반동적인 것(마르크스)이 된 한편, 키에르케고르는 그리스도교 신앙이 '어리석음'의 와중으로 뛰어드는 것을 의미하였다. 탁상적 공론은 모든 이러한 것들에 의해 거의 흔들림이 없었다. 근대성은 그것이 폐기한 것을 대신하여 제공할 정신적 비전을 갖고 있지 않았으며, 아마도 그런 이유로 종교가 여전히 빈자들과 교육받지 못한 계층 사이에서 번성하고 있다. 하지만 종교는 과학이 진보하고 전반적인 학력이 상승함에 따라 그것이 사라질 운명에 처해 있다는 것에 대해 확신을 갖고 예견한 학식을 갖춘 냉소자들 사이에서는 죽었거나 빠르게 죽어가고 있다.

그렇지만 결과적으로 그것은 전혀 그렇게 되지 않았다.

탈세속화: 신의 죽음의 죽음

신과 종교의 지위는 근대성 속에서 현저한 변화를 겪었다. '객관적' 증거와 논증의 확립에 실패한 종교는 주관성의 영역에 깊이 자리잡고 있었다. 거기서 그것은 비판자들의 가혹한 시각으로부터 안전한 것으로, 그리고 종교적 신념을 '마음'의 영역에 속한 것으로 여겨 온 사람들에 의해 소중한 것으로 간주되거나, 아니면 강퍅한 과학적 정신의 소유자들에 의해 일종의 순수히 개인적인 관심거리로 치부되었다. '신앙'은 지금 자신의 저서들을 **지식을 추구하는 믿음**(fides quaerens intellectum)의 한 실습으로 여겼던 《고백록》과 《대어록》의 저자들이 상상할 수 있는 것보다 훨씬 심원하게 '이성'과 대비된 상태로 놓여 있었다. 신앙은 보다 얄팍하고 감정적인 현상, 내적 서약이나 존재적 열정의 문제로 축소되어 사물의 본성과는 거의 혹은 전혀 관계 없는 것으로 되었다. 근대성의 총부리 앞에서 사라졌던 것은 **지식 추구적 믿음**, 학식과 신을 향한 사랑이 함께 보조를 이루었던 중세인들의 강건한 신앙이었다. 형이상학과 기도 사이에서 확신 있게 움직였던 중세인의 관점, 형이상학적이거나 성찰적인 신학적 이성의 내부 지향적 성향은 모더니스트의 비판의 열기 속에서 녹아내렸다. 그리스의 형이상학적 정신과 성서적 신앙을 결합하면서 중세인들——그리스도교도·유대인·이슬람교도——은 신, 그리고 신과 세계와의 관계('영혼적 실체'인 천사에 관한 상세한 설명까지도 포함하여)를 철학적으로 고찰함에 있어서 편안함을 느꼈다.

이제 전근대적 사상가들과의 대화를 재차 공고히 하려는 노력을 기울임에 있어서, 나는 우리가 중세인들이 고귀하게 여겼던 것을 논의하는 과거의 형이상학적 문체를 재현할 수 있다고는 생각하지 않는다. 나는 철학을 포기하지 않았지만, 철학을 형이상학적이거나 성찰적인 작업이 아니라 현상학적인 것으로 간주한다. 게다가 만약 우리가 신앙이 이해를 추구하는 중세 **이전**의 성서의 세계로 더욱 거슬러 올라가면, 우리는 신앙이 번성했으나 형이상학적 뒷받침이나 형이상학적 합리성——이것 위에서 중세에는 신앙과 이성이 상호간 엉켜 있었다——의 두꺼운 토대를 **결여했던** 상황을 발견한다. 참으로 사도 바울은 성찰의 무용함에 관하여 그리스 철학자들을 질책하고, 바울을 본받고자 한 키에르케고르가 신앙의 도약으로 지칭한 것의 필요를 그들에게 피력하는 일에 커다란 기쁨을 느꼈다. 그래서 명쾌하고 공고한 형이상학적 신학의 결여가 신앙과 종교에 손상입히지 않았다. 그것은 히브리인과 그리스도교인에게 성서적 신앙의 특성이었다. 형이상학적 신학은 나중에 그리스도교가 로마 제국에서 확립된 종교가 되면서 헬레니즘적 학문, 즉 기원전 1세기에 알렉산드리아에서 필론과 더불어 최초로 바닥을 다졌던 프로그램과 조화를 이루게 되었다. 그것은 아우구스티누스가 속했던 세계에 해당하는 '그리스도교적 신플라톤주의'와 같은 현상을 가능하게 했지만 예수도, 바울도, 초기의 사도적 공동체도, 그들 이전의 랍비적 전통도, 그리스적 사고——테르툴리아누스의 유명한 질문인 "아테네인들이 유대교와 무슨 관계가 있습니까"와 같은——였던 '형이상학'을 염두에 두지 않았다.

그것은 초창기의 성서적이고 사도적인 요소가 매우 세속적인 대륙의 철학자들에 의해 최근에 '형이상학의 해체' 또는 '회복되는 형이상학'이라 불리는 것에 미친 흥미로운 영향 내지 매력적인 반사경을 떠올리게 하는데, 후자에서 우리는 신앙의 형이상학 **이전** 시대 상황의 반향이나 반복을 느끼게 된다. 이런 측면에서는 적어도 니체와 사도 바울이 동일 선상에 놓인다. (그것은 분명 니체에게 그의 유명한 두통거리를 여럿 제공했을 것이다.) 니체는 인간 업적의 역사적 우연성, 인간의 믿음과 실천의 개변성 내지 변화성을 논의하였는데, 그가 말한 대로 이들 모두는 우리가 세상에서 취하고 삶의 필요에 대처하기 위해 제기하는 '전망' 들이다. 물론 그는 이 논지를 자신이 '그리스도적 플라톤' 전통, 육체를 철저히 무시했던 두 인물의 거룩하지 못한 결합(어떤 결혼식 밤이었겠는가)——그것의 잔혹한 지배하에서 서구가 지나치게 오래 고통받았다고 그는 불평하였다——으로 불렀던 것을 무력화하기 위해 사용하였다. 그런 점에서 니체의 사상은 종교에 대한 일관된 계몽주의적 비판 내지 세속화 관련 논의 확대의 일부로서 마르크스와 프로이트의 사상과 결합될 수 있다. 하지만 계몽주의와 니체 간의 이런 식의 관계 설정——월터 카우프만이 프린스턴에서 영미 철학에 니체를 좋은 모습으로 접목하기 위해 수 년간 이용했던 책략——은 본유적으로 불안정하고 해체되지 않을 수 없다. 마르크스와 프로이트는 항시 지나칠 정도로 자신들이 '과학적 사상가' 였다고 주장하였다. 하지만 니체는 과학이란 그리스도교적 플라톤주의의 하나 이상의 버전에 불과하고, '신'의 죽음이 과학적 진리의 절대성을 포함하여 '절대적 진리의 죽음' 을 함축하는 것으로 생각하였다. 물리학 또한 일종의 전망에 불과하다. 니체는 그리스도교가 자신의 십자가에서 십자가형을 당했음을 논증하려고 시도하였다. 즉 신이 진리이고, 따라서 신자가 신실하게 될 필요에서 그리스도교인들은 궁극적으로 정직하고 진실하게 그리스도교 역시 또 하나의 조작임을 고백하도록 권유받아야 한다고 주장하였다. 계몽주의자의 세속화 **또한** 동일한 십자가에서 형을 집행당했으며, 그것은 신의 죽음의 죽음을 의미한다는 것이다.

니체의 논지는 아무도 알아차리지 못한 방식으로 부메랑으로서 자신에게로 되돌아왔다. 신과 종교 및 종교적 신앙을 애호하는 현대의 포스트니체주의자들이 니체로부터 앗아간 것은 정신분석학(프로이트), 변증법적 유물론의 강고한 법칙, 그리고 권력에의 의지 자체 **또한** 전망 **내지** 구조물 혹은 문법의 허구라는 것이다. 그것들 **또한** 궁극적으로 상황이 변할 때 자신의 효용 가치 이상으로 존속하는 우연적 상황에 놓인 세계를 추론하는 수많은 우연적 방법들에 해당한다. 즉 니체와 마찬가지로 마르크스와 프로이트도 그들의 종교 비판이 신속히 방어가 구축될 것, 즉 신과 자연 혹은 역사를 상대로 비판할 여지에 대한 니체의 비판이라는 포화 속에서 부당한 것으로 취급되면서, 니체의 폭죽과 더불어 그들 자신도 터지고 만다. 계몽주의적 세속주의, 종교를 그것 이외에 다른 무엇으로의——예컨대 자신의 어머니를 향한 왜곡된 욕망, 또는 통치권을 유지하는 방법——객관주의적 축소는 역사적으로 상상력의 제약을 받는 그리고 이성과 역사, 경제학과 노동, 자연과 인간성, 욕구와 성과 여성, 신과 종교 내지 신앙에 관한 기껏해야 임시적 개념을 구비한 사람들이 바랐던 하나 이상의 이야기에 불과하다. 종교를 축소하는 모든 이러한 비판들은, 니체에 따르면 그가 '무신론적 이상' 즉 '객관적 진리'라는 엄연하고도 강고한 질서에 대한 믿음이라 지칭한 것의 여러 변종임이 판명되었다. 왜냐하면 "신은 죽었다"는 니체의 언명은 '절대적 진리' '물리학' '문법적 법칙,' 기타 중심을 확고히 잡으려고 시도하는 모든 것을 휩쓸어 가는 영향력을 지녔기 때문이다. "신은 죽었다"는 선언은 감히 스스로를 '대문자화' 하려는 모든 것, 즉 그리스도적 신비의 연기와 향뿐만 아니라 스스로를 '최종적인 말씀'이라 주장하는 일체의 모든 것을 목표로 삼기 때문이다. 그것은 강퍅하게 축소 지향적이고 무신론적인 종교 비판을 한방에 쓸어 버리는 놀랍고도 예견치 못한 영향력을 지녔다.

여기서 위험은 이처럼 니체화된 역사 비판으로부터 도출되는 성과가 '어느것이건 가라' 식의 상대주의——아무것도 사실이 아니고 모든 것이 가능하며, 한 전망이나 믿음이 다른 것과 마찬가지라고 보는——가 될 전망에 있다. 그러한 위험은 앨런 블룸이 정확히 '니체적 좌파,' 즉 예술뿐 아니라 과학과 윤리학에 대한 미학적 관점——그것은 그들을 상대주의에 대한 반대에 취약하게 만든다——의 방향으로 나아가는 니체의 애호가들이라고 비판한 '학술적 좌파'에 의해 저항받지 않았다. 그런 이유로 나는 '포스트세속적' 스타일이 계몽주의의 반복, 또 다른 수단에 의한 계몽주의의 연속, 과거의 계몽주의의 한계에 관해 계몽된 새로운 계몽주의의 생산에 의해 등장할 것이라고 주장한다. '포스트세속적'에서 '포스트'란 말은 "근대성을 초월했거나 근대성이 탈색된 시대라기보다는 근대성을 **통과한 이후**를 의미하며, 결과적으로 비합리적인 상대주의의 출현이나 그 반대로 포스트모던적 모습으로 분칠한 보수적인 전근대주의——달리는 현재 그것이 우리를 지치고 분격하게 하는 명칭인 '급진적 정통성'이라는 표현으로 스스로를 묘사하는 '포스트세속적' 운동 속에서 진행되고 있는 한 종류——로 회귀할 위험은 없다. 급진적 정통주의 입장은 급진적이기보다는 정통적인 속성이 훨씬 강하며, 신이 포스트구조주의에 대항하여 그리스도적 신플라톤주의와 함께하기 위해 이 세계로 강림하였음을 스스로 확언하려 애쓰고, 중세의 형이상학이 현재의 사상가들 사이에서 토대를 상실했다는 사실에 놀람을 금치 못하는 것으로 보인다. 보다 계몽화된 계몽주의는, 비록 그것이 '순수한 이성'의 환상에 의해 더 이상 물들지 않는 신사고적 이성을 내세울 때조차도 더 이상 '순수한 개관성'의 꿈에 사로잡히지 않는다. 그것은 우리가 지식·윤리·예술 및 종교처럼 정연히 구분된 영역이나 구역들 주변에 확연한 경계를 설정할 수 있다는 생각을 비판하는 포스트비판적 의식을 담고 있다. 근대성을 조심스럽게 개조함으로써 우리는 그것에 포스트모던적 특성을 부여할 수 있다.

현재로선 근대성과 세속화가 나쁜 사고임을 지적하고 싶다. 《대어록》처럼 아름다운 중세의 철학 텍스트들은 여성의 목소리를 결여하고 있으며, 그것들은 밑으로부터 그것들을 지탱했던 농노의 세계에 대해 침묵한다. 아우구스티누스는 개종시에 관계를 끊었던 자신의 무명의 아내가 처할 운명에 고심하기보다는 훔친 배를 부식시키는 데 훨씬 더 많은 시간을 보냈다. 하늘은 내가 하향적이고 계서제적인 권력 개념의 타파나, 순수하게 우연적인 정치 질서와 전통적 신앙에 대한 우연적으로 철학적이고 신학적인 정명화에 존재와 신의 무게를 부여하려는 심오한 형이상학 체계의 분쇄를 유감스러워하지 않도록 나를 보호해 줄 것이다. 그런 이유로 내가 환기하는 것은 항시 《고백록》 속의 아우구스티누스이다. 즉 고차원의 형이상학적 반추나 그가 주교의 입장에서 저술한 《신국론》이 아니라 기도와 눈물로 점철된 사람의 개종에 관한 극히 사적인 이야기가 관심 대상이다.

나는 가장 근대적인 사고, 어떤 면에서는 근대성을 규정하는 사고로 견인하는 역할을 했던 데카르트를 가벼이 비판할 준비는

되어 있지 않다. 즉 검열·파문·추방이나 처형의 두려움 없이 우리가 생각한 것을 말하고, 우리가 원한 것을 생각하며, 우리가 생각한 것을 공표하거나 **아무것도** 의심하거나 믿지 않을 권리를 갖고 있다는 점에서 그러하다. 이러한 권리에 대한 유일한 제약은 동일하게 행하고 동일하게 즐길 수 있는 타인의 권리이다. 이러한 믿음을 평가하는 유일한 기준은 공공 토론에서 밀리지 않고 자신을 그럴듯하게 포장하는 능력이다. 그것이 근대성의 정의, 계몽주의의 빛이며, 나는 그런 사고를 무척 사랑한다. 모든 그러한 빛 위에 그림자를 드리우는 포스트모던적 사고는, 만약 이 용어의 사용이 여전히 유효하다면 자유롭고 공적인 토론과 강요받지 않은 순수한 이성의 힘 또한 허구이며, 결과적으로 그것들이 강압에 의해서는 공정성이나 훌륭한 성과를 보장해 주지 못함을 우리 모두가 이해할 것을 주장하는 것이다. 나는 이 생각 **또한** 사랑한다. (건전한 정신은 두 가지 모순되는 사고에 완강히 집착할 수 있는 것이라고 알려져 왔다.) 그것은 부, 교육상의 이점, 언어적·역사적·문화적·민족적 편견, 인종주의, 성차별주의 및 특별한 흥미의 영향력이 불가피하게 공공 토론과 공공 선거 및 공적 공간을 왜곡시키기 때문인데, 이런 것들은 대체로 누군가에 이롭게 편향적이기 마련이다. 포스트모더니스트들은 우리가 전혀 왜곡이 없는 시간이란 존재하지 않는 사실을 온전히 인식한 상황에서, 정치·학술면에서 공적 논의를 행하고 오류를 시정하려 애쓸 것을 제안하는 것 이외에 더 나은 대안을 갖고 있지 않다. 강요받지 않은 순수한 이성의 힘이나 이상적인 언론 상황은 존재하지 않으며, 장소와 시간의 구애를 받지 않는 탈역사적 관점은 설 자리가 없다. 상이하고 경쟁적인 믿음들과 관례가 상당수 있으며, 우리는 많은 꽃들이 만개하도록 하기 위해 그것들을 동화시키려는 모든 합리적인 노력을 기울여야 한다.

종교의 꽃들도 마찬가지이다. 왜냐하면 다가올 것을 아무도 알지 못한다는 논지는 니체적 비판이 **종교에 대한** 모더니스트적 비판을 반박하고, 신앙과 이성에 관한 또 다른 사고 체계에 문을 열어 놓는다는 논지에 해당하기 때문이다. 보다 바람직한 니체 독법의 결과는 그의 사고가 상대주의나 비합리주의가 아니라 고조된 느낌의 우연성과 구조의 개정성이고, 이성의 포기가 아니라 재묘사이며, 계몽주의가 우리에게 팔려고 노력했던 지배적이고 초역사적인 '합리성'에 대한 상품의 전표보다 훨씬 합리적이라는 점이다. 왜냐하면 그것이 고도로 비합리적인 '이성,' 아무도 지탱할 수 없는 계몽화된 환상이기 때문이다. 니체의 허구이론이 우리 스스로 새긴 이미지를 신성한 것으로 착각하는 우상 숭배적 행태에 대한 성서적 비판과 접합되리라고는 아무도 예견치 못했다. 사물을 '바라보는' 이같은 시각면에서 계몽주의와 그것이 담고 있는 '순수 이성'의 관념은 아론과 황금 송아지 진영에 속한 반면, 쇠망치를 지니고 철학적 사고를 한 니체는 당치도 않게 우상의 타파자로서 모세의 편에 서며 〈고린도전서〉에서 고린도인들에게 철학자들의 우상에 관한 거룩한 지옥을 제시하는 바울의 옆에 선다. 그것은 내가 가장 사랑하는 관념인 신을 향한 사랑과 같은 관념이 지식인들 사이에서 호응을 얻는 문을 열어 놓는다. 신의 이름은 불가능한 것의 이름이며, 신을 향한 사랑은 우리를 자신의 능력 이상으로 고양시키고, 아우프클라레가 '이성'이라 불렀으며 칸트가 가능성의 조건으로 지칭했던 것에 의해 이 세상에 부과된 제약을 초월하여 불가능한 것을 향해 가도록 해준다. 오늘날 마르크스·니체·프로이트는 모두 죽었지만, 진정 감사하게도 신은 훌륭히 자신의 일을 수행하고 있다.

니체를 비롯한 많은 사람들이 지나간 자국 위에——비트겐슈타인과 하이데거가 그 중심적 위치를 차지한다——오늘날 철학자들은 대체로 '이성'이라 불리는 오만하게 지배하는 어떤 것이 있다는 생각을 거부하고, 대신 복수의 형태로 그리고 자세를 낮추어 '건전한 이성들'이라는 보다 겸손한 사고를 정착시켜 왔다. 그들의 사고는 이성을 거부하는 것이 아니라 그것을 당시로서는 가장 유용한 설명, 어떤 예견치 않은 사건의 전환에 의해 그것을 재개정하지 않을 수 없을 때까지 가치를 부여받는——그런 이유로 매우 그럴듯하게 신앙처럼 여겨지는——역사적으로 발생한 우연적 현상으로 재규정하고 역사화하는 것이다. 이 철학자들은 우리가 사용하는 개념들이 상당한 한계성을 지닐 수밖에 없다는 겸손한 마음, 상황 이해의 어려움에 대한 고조된 인식, 지식을 보다 개방적·유동적·가변적이며 덜 로고스 중심주의적인 작업으로서 보는 날카로운 감각을 갖추고 있다. 이들에게 지식은 전제로서 자유를 요구하는 게 아니라, 가능한 한 유연하고 풍부한 내용을 함유하는 전제에 의해 구조화된 것으로 비쳐진다. 그들은 학문과 인간성 면에서 훈육된 학습이 보다 과시적인 근대성 '방법'보다 잘 훈육받은 사람들의 통찰력과 본능, 독창적인 제안과 해법 제시, 상상력, 일정 정도의 행운, 사건의 예견치 않은 전환에 대응할 능력과 훨씬 더 관계된다고 여긴다. 이들의 '이성'에 대한 생각은 아리스토텔레스가 phronesis라 부른 것, 즉 차이점들을 허용하면서도 상대적으로 보편적이고 여백이 있는 체계를 구체적 상황 속에 적용하는 방법을 아는 실제적인 훌륭한 감각을 의미하는 것과 현저히 닮아 보인다. 그들은 '타자'에 대한 날카로운 주의력, 변칙성 및 '동일한' 언어적 감옥, 즉 '나' '우리' '우리의'란 개념이 일을 생각하고 행하는 전수된 방식에 의해 우리에게 마련된 함정이 되기 쉬운 경향성에 관한 예리한 감각을 지니고 있다. 그들은 철학 체계를 제시하기보다는 보다 소박한 철학 프로젝트들을 추구하면서 겸손하고 자세를 낮춘 상태에서 철학을 섭취한다. 그들은 신앙과 이성, 공과 사, 주관과 객관, 정치나 과학 혹은 종교간에 엄격한 경계가 있는 게 아니라, 이러한 요소들이 함께 경합해 나가면서 어쩌면 혼동을 야기하는 방식을 지니고 있으며, 그것들을 딱 부러지게 분리하려는 시도는 인위적이라고 생각한다.

철학자들은 다양한 특정 언어들을 포괄하고 그것들을 환치하여 통역할 수 있는 보편적인 언어 분석용 언어가 존재한다는 사고를 대체로 거부하고, 비트겐슈타인이 '언어 게임'으로 지칭한 사고 체계를 채택해 왔다. 그것들 각각이 자체의 내적인 인과성과 의미를 지니고서 상이한 결말로 이끄는 복합적인 게임들이 있다. 이를 언급함에 있어서 한 게임을 다른 한 게임으로 번역 또는 변환하거나, 예컨대 기도중에 진행되는 내용(명백히 종교적 언어 게임에 속하는)을 경제학이나 정신분석학의 개념들로 환원하려 시도하는 것은 실수일 것이다. 분명 어떤 내용은 번역 과정(즉 기도)에서 훼절될 것이다.

철학자들은 주로 지배적인 보편적 이야기, 즉 서구 역사에서 진행되어 온 것에 관한 어떤 방대한 이야기가 존재한다는 사고를 거부해 왔다. 예컨대 헤겔의 '정신의 역사'의 한 좌파적 버전에 해당하는 오래된 무산 대중의 해방 이야기(마르크스), 또는 헤겔 우파 버전에 해당하는 것으로 가장 최근의 버전인 자유 시장 경제의 승리 면에서 본 역사의 종말(프랜시스 후쿠야마)이 그러하다. 그들은 이런 설명 방식들을 '전체화된' 것으로서 거부하고 무한수의 사소한 이야기들, 포괄적 체계가 아닌 다양한 경쟁적 이야기들의 관점에서 역사를 다루려는 경향이 있다. (그런 까닭에 나는 전근대적·근대적·후근대적인 것에 관한 나 자신의 이야기를 지나치게 명료하고 지나치게 정연하며 지나치게 '전체화된' 것으로 불신한다.) 그들은 사소한 것들, 즉 역사가 말하는 '큰 이야기' 속에 바탕을 두고 추출된 과거의 목소리들과 언어들 및 사람들에 관한 정보를 얻기 위해 바깥쪽으로 눈을 돌린다.

나의 관심은 플라톤으로부터 헤겔에 이르기까지 거창한 철학적 함선들에 구비된 대포들이 잠잠해진 이후, 어떻게 해서 종교의 고요하고 작은 목소리가 재차 들려질 수 있었는지 하는 점에 있다. 오늘날 우리는 《고백록》의 제10권에서 상당 부분 영감을 받아 《존재와 시간》을 기술했던 하이데거나 '신적인 것'에 관해 성찰한 프랑스의 페미니스트 철학자 뤼스 이리가라이——둘 다 '형이상학 이후'에 오는 신에 대해 탐색하였다——는 말할 나위도 없이 한 번 이상 성 아우구스티누스의 기도와 눈물에 참여한 바 있는 자크 데리다나 작고한 장 프랑수아 리요타르와 같은 중요한 '세속적' 철학자들조차 발견할 수 있다. 19세기 중엽부터 현 2000년에 이르기까지 신의 죽음을 예고해 온 학식 있는 종교 무시자들에게는 놀랍게도 다양한 모습으로 종교는 되돌아왔다. 이렇게 말하는 것조차 오류인데, 왜냐하면 종교가 대체로 지식인들에 의해 그릇된 것으로 인식되어 왔기 때문이다. 학술권 외부에서는 종교가 그 어느곳에서도 사라졌다고는 생각하지 않았다. 종교는 종교의 불신자들을 불신하고 그것의 의심자들을 의심하며 회의하는 자를 회의하고 폭로하는 자를 폭로함으로써, 그것에 새로운 합법성을 부여해 온 전위적 지식인들 사이에서조차 복귀하였다.

종교의 꽃은 근대 이후 저작집들에서 만개한 주제 중 하나이다.

III

기(force)가 당신과 함께합니다

불가능한 것에 관한 서적으로 판명될 《종교에 대하여》라는 소책자에서 나는 불가능한 것이 다시 최근에 가능한 것으로 되었고, 부메랑으로 되돌아온 모더니스트의 비판력 자체가 불가능한 것을 향한 열정에 동화하는 포스트비판적이고 포스트세속적인 입장에의 길을 열어 놓는다고 주장해 왔다. 불가능한 것, 현실 너머의 실제성을 향한 희구와 기대 속에서 가능한 것의 경계에서 살아가려는 움직임——내가 종교적 분별력의 표식으로서 간주하는——은 지난 2세기 동안 종교에 반대 지향적이었던 세속적이고 환원주의적인 비판을 견디며 생존해 왔다.

하지만 지나치게 남용된 '포스트모던' 용어에 의해 묘사된 세계는 또한 '포스트산업적'이기도 하다. 현재의 종교적 분별력이 스스로를 발견하는 배경은, 성서에 대한 코페르니쿠스 이전의 세계관뿐 아니라 작동중인 질료 덩어리에 관한 뉴턴적 세계관으로부터 극적으로 변경되었다. 우리는 모든 것이 변하는 기술 발전의 원격 통신 체제, 현기증나고 디지털화된 세계 속에서 살고 희망하며 기도하고 흐느낀다. 그렇지만 신의 죽음을 예언한 자들의 먹이가 되거나 디지털화된 죽음을 당하기는커녕 신은 단순히 새로이 디지털화된 하이테크적 생활의 모습 속에 자리잡고 있다. 종교는 다원적 능력(근본주의자들에게 전혀 위안을 제공하지 않는 유추를 사용하는)에 적응하고 새로운 하이테크 형태 속에서 번창하며 '가상 문화'와 놀라운 공생 관계에 들어서는 모든 흔적을 보여 준다.

내 견해로는 그 이유가 진전된 통신 기술이 종교적 분별력을 저해하기는커녕 실제로 종교 품목들을 거래하고, 결과적으로 종교적 상상을 위한 새로운 사이버 공간을 제공하기 때문이다. 왜냐하면 내가 주장해 온 대로 만약 종교가 우리의 현실감을 방해하고 우리를 조금은 불안한 상태로 남겨 놓는다면, 만약 그것이 현실과 가능한 것에 대한 우리의 선험적 감각으로 하여금 스스로를 **초현시적인** 것에 드러냄으로써 전율하도록 하는 것이라면, 마우스 클릭에 의해 사이버 공간상의 멀리 떨어진 '장소들'을 '방문할' 힘을 우리에게 제공해 주는 '가상 현실'에의 참여 의식과 더불어 현 상황 속에서 진행되는 통신 혁명이 종교적 함축성을 듬뿍 담게 될 것이기 때문이다. 우리는 무엇이 실제적인 것인시에 관한 우리의 감각을 변경하기 시작했다. 하지만 그것은 유대의 예언자로부터 원격 복음주의자에 이르는 모든 종교적 인물들이 꿈꾸어 온 것이 아니었는가? 물질적 활동성의 관심에서 벗어나서 눈을 다른 방향으로, 즉 존재와 활동성에 의해 우리에게 부과된 현실적 한계 너머의 차원으로 향하는 것은 모세가 아론의 황금 송아지——신의 초월성을 물질적 대상으로 축소시킨 것을 의미하는——를 망치로 부순 이래 고전적 종교가 시도해 온 일 아니겠는가?

그렇지만 또한 하이테크한 것을 사랑하고, 기술의 환영적이고 가상적이며 초현실적인 효과를 풍미하면서 '가장 고귀한 것'을 사랑하는 일이 어떻게 가능한가? 신에 대한 사랑과 기술 지향, 천사와 컴퓨터 기술, 종교와 인터넷 회사——매일의 공과가 나스닥 지수로 기록되는——간에 어떠한 내적 교감이 발생하는가? 아무도 이것의 도래를 알지 못하였다. 이것은 신의 죽음이 증명되는 방식이 아니다. 천국의 이름으로 무슨 일이 진행되고 있는가?

사이버 정신

만약 철학자들이 투자 고문들이라면, 우리 모두가 파산했을 것이다. 우리가 앞장에서 살펴본 대로, 19세기 이래 그들은 신이 죽었거나 곧 죽을 것이라고 확신해 왔었다. 그들은 신이 워낙 병세가 좋지 않아 지금 마지막 주에 들어서 있다고 말하였다. 하지만 21세기의 벽두에 종교는 살아 있고 건강하다. 낡은 차량용 스티커는 자신의 몫을 다하였다. "신은 죽었다-니체. 니체는 죽었다-신." 다양한 고백적 신앙들이 당신이 당신 몫을 증대하기 위해 할 수 있는 유일한 일이 무릎을 꿇고 신의 개입을 기도로 간청하는 제3세계와 개발도상국에서뿐 아니라, 여론 조사에 따르면 세계적으로 유례없이 번영을 구가하고 국민 대다수가 신을 믿는다고 고백하는 미국에서도 계속 번창하고 있다.

종교적 신앙은 미국종교학술협회의 회원권으로부터 교구의 일상 생활과 오프라 윈프리의 초대 손님들이 전하는 스릴 넘치는 종교적 경험담들에 이르기까지 다양한 형태로 번창하고 있다. 놀랍게도 많은 사람들이 천사의 존재——UFO와 외계인의 유괴 및 채널링(channeling)에 부가하여——를 믿는다고 고백한다. 참으로 심지어는 연예 오락 산업조차 엘비스 프레슬리를 보았다는 상당수의 목격담(아직 아무도 확신하지 못하는)을 통해 흥행하고자 한다. '천사와 만나기(Touched by an Angel)'란 텔레비전 쇼는 시청률 면에서 성공했으며, 우리가 우연을 신이 개입한 흔적으로 간주해야 한다는 책인 《천국의 예언》이 베스트셀러가 되기도 하였다. 대부분 사람들은 천국을 믿는다. (또한 예언적으로 그들이 천국에 갈 것으로 믿는다.) 저작권법은 내가 불가사의한 사건들에 대한 스티븐 킹의 이야기들이 그를 수백 배나 백만 장자로 만들어 주었다는 점을 관찰하지 못하도록 한다. 이러한 것들에 취향을 가진 사람은 누구나 낮 시간대 텔레비전 토크쇼에 손님으로 나온 사람들의 삶 속에 온갖 종류의 초자연적인 사건들과 개입에 관한 특이한 이야기들을 정규적으로 시청할 수 있다. 보더스, 반즈 앤 노블 같은 대형 체인 서점들에서 당신은 마이크로소프트 윈도우의 최신 버전 이용 방법에 관한 책들만큼이나 많이 천사들에 관한 책들('New Age' 부분을 검색해 보라)을 발견할 수 있을 것이다. 이 책들을 사는 사람들에게논 누가의 출생 이야기 속의 천사가 종교적 담화 형식의 표준적인 문학 소재――성서 학자들이 여러분에게 말해 줄――가 아니라, 만약 여러분이 귀를 기울인다면(그리고 그가 다른 무언가를 갖추도록 요구하는 '그분' 이라면) '가브리엘' 이라는 본명에 응답하는 영성적 구현체의 본명에 해당한다. 내가 아마존 닷컴(Amazon.com)에서 천사라는 주제를 탐색했을 때 2천4백16개의 타이틀――그 모두가 전자 마이크로칩에 적합하도록 맞춰진――을 발견할 수 있었다. 게다가 수백만 권의 책을 '구비한' 가상의 서점에 형체 없는 정령과도 같은 신호를 거의 빛의 속도로 사이버 공간을 통해 내보내는 마우스의 클릭 한 번만으로 이들 책 어느것이나 즉

시 구할 수 있다.

그래서 우리는 우리가 불가능이라고 부르는 놀라운 상황, 즉 과학과 종교 그리고 극단적으로는 이상야릇한 미신을 곁들인 최신의 객관적 과학이 동시에 번창하는 상황에 직면하는가? 최첨단 과학의 성과가 전통 종교뿐 아니라 직선적인 근본주의자, 신시대의 영성 및 온갖 종류의 기괴한 현상들에 대한 믿음과도 공존한다. 물론 이런 현상 중 일부가 인간이 일상에서 증오·분노와 부정직 상태로 머무르든지, 아니면 자선을 행하고 행복하게 살든지 간에 이 사람들의 삶 속에 매우 깊숙이 개입되어 있다는 사실에 놀라지 않을 수 없다. 하지만 종교성의 물결은 가장자리에만 한정되지 않는다. 대부분 사람들이 신의 존재를 믿고, 그 중 상당수는 비록 진행중인 많은 수의 다른 이상하고 비전통적인 것들의 양산이 전통적 구조들이 유지될 수 있을지에 관한 의문을 던지게 하고는 있지만, 자신을 전통적 고백들과 연관시키고 있다. 분명 상당한 정도로 아주 괴기한 믿음들의 양산 현상은 신의 죽음을 부정하는 것이 아니라 오히려 그것을 확인해 준다. 왜냐하면 미래를 변화시키는 이름 내지 최소한 신의 자녀들이라는 정의의 이름으로서의 신의 이름은, 참으로 탐욕이 선이라는 취약한 영성적 원칙에 바탕 둔 재산 추구를 언급한 디팍 초프라의 《일곱 가지 정신적 성공 법칙》과 같은 책에서 아예 죽었다. 나는 앞으로 미신의 물결이 헛된 것이라는 주장으로 되돌아갈 것이지만, 현재로선 포스트세속적 사회에서 종교와 기술과학 간의 놀라운 공생에 보다 흥미가 있다.

19세기의 실증주의 철학자들에 따르면 전통적이건 경계적이건, 주도적이건 그렇지 않건 간에 이러한 현상이 당시에 진행되고 있지 않았다. 과학과 기술의 신속한 발전은 옛 신의 종말을 의미하지 않을 수 없었다. 결과적으로 과학 탐구의 신속한 발전이 왜 전망 좋은 종교 산업(이는 전망 좋은 사업으로, 자본주의는 이와 관련해 큰 시장이 있음을 잘 알고 있다)과 공존하는 대신에 영성적 실체에 대한 공개적 회의주의로 이끌지 않는가? 왜 다양한 전통적 신앙들, 그리고 현실과 동떨어진 실천 덕목들이 (아무도 철학서들은 읽지 않는 반면) 번창하고 있는가?

나는 이러한 제현상을 앞장에서 기술한 바 있는 근대성 자체와 그것의 한계성에 반발한 일련의 경우들로서 간주한다. 그것이 종교와 닿을 때, 근대성의 두 적대 진영——계몽주의와 낭만주의——은 둘 다 오류인 것으로 판명되었다. 우리가 살펴본 대로 최근 철학은 미몽의 각성을 재각성하고 종교적 환상이 과학적 합리성의 빛 속에서 시들어 버릴 버섯과 같은 것임을 확신하는 계몽주의의 강고한 입장을 불신하고 있다. 하지만 계몽주의를 뒤집고 과학과 기술의 파괴적 측면을 경고했던 낭만주의자들——셸리의 《프랑켄슈타인 또는 현대의 프로메테우스》는 가장 유명한 사례에 해당한다——역시 실수를 덜 범한 것은 아니다. 낭만주의자들은 독일 철학자인 하이데거가 강조한 대로 근대 기술이 살육을 범하는 상황 속에서 '신들의 비행'을 두려워하고 유감스러워했다. 하지만 하이데거와 낭만주의자들은 전자처럼 가볍고 마우스 클릭 이상의 노력을 필요로 하지 않는 '깨끗하고' 정령과도 같은 포스트산업의 하이테크 세계가 아니라 불결한 '굴뚝 기술'을 생각하고 있었다. 기술과 종교 간의 구식적 대립 설정은 포스트산업적인 사이버 공간——여기서는 주된 건강 위협 요소가 폐병이 아니라 온종일 컴퓨터 앞에 앉아 있음으로써 야기되는 관절통 증상이다——이 아니라 산업 혁명기의 먼지투성이의 광산과 더러운 공장에서 만들어진 것이다.

광대한 비가시적 가상 세계의 골격을 형성하는 전자 회로가 이용되는 오늘날, 우리는 힘들이지 않고 원거리를 찰나의 속도로 항해하는 순수한 정령처럼 날아다닌다. 우리는 공간을 넓게 차지하고 운동자(아리스토텔레스)에 의해 움직여지기를 기다리며 앉아 있는, 또 무언가가 그것을 멈추게 할 때까지는 아무 생각 없이 계속해서 움직이지만 스스로 행동할 의지를 결여한 거북스럽고 딱딱하며 농도 짙은 물질이라는 낡은 '질료' 관을 조롱한다. 오늘날 우리는 빠른 속도로 구식이 되어가는 질료를 제거할 방법을 배우고 그것을 보다 미묘한 사고, 보다 미묘한 물질과 관련된 사고 내지 어쩌면 《스타워즈》 속의 '기' 가 정신/질료 간의 괴리를 회피해 나가는 방식——이 점에 대해서는 다시 언급하겠다——으로 대체하고 있다. 2천5백여 년간 철학자들을 고심케 한 정신/육체의 논의의 해결책은, 의식적인 생활과 물질적 육체 둘 다 질료도 정신도 아닌 보다 미묘한 제3의 것의 기능임을 우리는 확인하게 될 것이다.

우리는 더 이상 물품 구매를 위해 실제의 소매점에 갈 필요도, 신차의 최상 구매가를 찾아 여러 장소로 이동하거나 계단을 오르내리며 먼지 낀 방대한 서고에서 책을 찾기 위해 도서관에 갈 필요도 없다. 우리는 수 초 내에 웹을 탐색하고, 한 번의 클릭으로 책을 주문하며, 심지어는 전자 자료센터로부터 책을 바로 다운받기도 한다. 이야기체의 《옥스퍼드 영어사전》은 지금 '온라인' 상에 있으며, 교부학자들이 《라틴교부학》이나 《그리스교부학》 등 필요로 하는 방대한 자료 어느것이나 컴퓨터상에서 온라인으로 접할 수 있다. 오래된 《브리태니커 백과사전》조차 사이버 공간에서 전자의 신호음으로 변환되어 모두 아흔 권——풍족한 부모가 자녀의 교육(그것은 또한 이혼 후 책을 나누는 방법의 문제까지 풀어 준다)을 위해 헌신한 사실을 가장 확연히 드러나게 해 주는——으로 가득 찬 진한 오크재 책장의 장려한 모습으로 대체되었다. 오늘날 당신이 텍스트 속의 초공간적 텍스트의 일부를 접할 때, 당신은 당신의 통시적 날개를 펴고 당신이 읽던 책을 떠나 당신이 앉았던 방의 한계 너머로 자신을 고양시키며, 바다를 항해하고, 도서관에 들어가거나, 점이나 한 번의 클릭에 불과하지만 멀리 위치한 '사이트'를 탐색하도록 초대받는다. 우리는 몸체를 한 발짝도 움직이지 않은 채 공간을 신속히 가로질러 루브르박물관에 들어가거나 멀리 떨어진 도서관의 낡은 라틴어 필사본을 접하며, 워드 프로세서 시스템을 통해 저작 대상 인물의 목소리를 듣고 얼굴을 보기도 한다.

우리는 신호음이 두꺼운 벽을 쉽게 통과하고 광대한 대양을 가로질러 대륙간을 즉시 연결해 주는 휴대전화를 휴대하는 한편, 한 손으로 차를 운전하며 쇼핑센터 안을 오간다. (사고율이 증가하는 것은 놀라운 일이 아니다.) 이 위성 통신들은 우리의 공간 감각에 직접적인 영향을 미친다. 그것들은 태양 주위를 도는 자전적 행성들에 대한 생생하고 작동하는 느낌을 전달하며, 지구를 평편하고 움직이지 않는 것으로 여긴 코페르니쿠스 이전의 세계관을 방해한다. 우리는 우표를 부착하지 않고도 상이한 시간대의 전세계인에게 이메일을 보낸다. 우리는 전자파를 이용함으로써 점차 물질적 실체의 무게로 인한 부담감을 덜어 가고 있다. 이 전자파는 이리저리 튀어다니며 우리의 생각을 지구 반대편 장소에 전달하기도 하고, 컴퓨터와 우리의 의식 생활을 작용하게 하며, 우리의 과중한 몸체를 무한대로 확장하게 하는 상상하기 어려울 정도의 작은 실리콘과 신경학적 회로 곳곳을 통과한다. 우리는 몸체가 우리 밑의 지표면이나 우리를 둘러싼 한정적 공간으로 축소되는 것을 막을 수 있게 되었고, 또한 그것들이 전자 속도로 우주를 관통할 수 있게 만들었다. 하이데거는 독일 낭만파 시인인 프리드리히 횔덜린의 "인간은 지구상에 시적으로 거주한다"는 시구를 인용하기 좋아했는데, 오늘날 우리는 지구 주위를 통시적으로 운행하는 것으로부터 벗어나 더 큰 비약을 이루고 있다.

우리는 사도인 베드로와 바울을 감옥으로부터 구출하기 위해 나타났던 천사들(〈사도행전〉, 5:19; 12:7)을 흉내내고, 놀란 제자들을 방문한 부활한 예수처럼 견고한 벽을 뚫고 지나가는 에테르적 존재로 우리 몸체들을 변환시키는 방법을 신성시해 왔다. 정신과 물질 간의 오래된 논의는 여러 종류의 만년필의 상대적 장점들에 관한 논의처럼 빠르게 구식으로 취급당하고 있다. '물질'은 양식 면에서 뒤처지고 있다. 고대의 이원론 사이의 두 적대 진영간의 노선이 전자 혁명에 의해 희석된 점에서 보듯이, 전자는 정신과 물질 사이의 강고한 적대 요소간에 중재하는 데카르트적 '송과체(pineal gland)'임이 증명되고 있다. 만약 우리가 컴퓨터를 소유할 여유를 갖고 있다면 우리는 점점 일종의 가상적이고 환영적인 정신 세계에서 삶을 영위하게 될 것인데, 이 점에 대해서는 재차 언급하고자 한다. (다리 밑에서 잠을 자는 사람은 아무도 최근의 다우존스 주가 평균을 검색하기 위해 랩탑 컴퓨터를 사용하지 않는다.) 물질은 축출되는 추세이고, 유물론은 컴퓨터

사기를 두려워하는 컴퓨터 혐오자를 위한 논리가 되었다. 우리는 건강을 위해서뿐 아니라 몸체와의 접촉을 재확인하기 위해, 그리고 우리가 **여전히 몸을 갖고 있음을** 스스로 느끼기 위해 조깅하고 운동한다. 우리는 여전히 아프고 죽는데, 이런 사실이 우리가 몸체를 지니고 있으며 그 몸체를 통해 활동하고 있음을 점점 더 상기시켜 주는 요소가 된다. 21세기말경에는 현재의 죽음을 야기하는 질병들이 과거의 디프테리아처럼 사라질 것이다. 주요 장기들이 일상적으로 만들어져 대체되고, 평균 수명은 한 세기 내지 그 이상으로 길어질 것이다. 그렇게 되면 우리는 노화를 막기 위해 휴대전화를 사용하는 생활 방식의 내적 시계를 거꾸로 하여 일하는 방향으로 나아갈 것이다. (그 다음에는 교수 직분이 정말로 심각한 문제가 될 것이다.) 그러므로 전자 통신 체계의 혁명은 우리를 유물론자로 만들기는커녕 '가상' 세계와 '현실적이고' '물질적인' 세계 간을 구분하도록 각성시키게 될 것이다.

　신의 죽음의 논리는 이것의 도래를 보지 못했다. 휴대전화를 사용하고, 이메일을 보내며, 발전된 컴퓨터 기술의 혜택을 향유하고, 강력한 제트기를 타고 대륙간을 횡단하는 사람들이 어떻게 동정녀의 수태나 부활과 같은 성서적 관념을 받아들이고, 천사나 악마와 같은 정령적 실체를 믿으며, 자신의 죄에 대한 영속적 징벌로서 꺼지지 않는 유황불 속에 처넣어질 것이라는 염려로 잠을 이루지 못하는지를 세속적 지식인들은 자문한다. 그리고 그것은 **전통적인 물질이다.** 엘비스 프레슬리의 사이팅(sighting)이나 채널링(channeling)과 같은 비성서적인 것들의 경우는 어떠한가? 원격 복음주의자들이 어떻게 지구 주위를 회전하는 발전된 통신 위성을 이용하여 세계가 우주의 가운데에서 확고히 자리잡고 있는지를 믿도록 하는 근본주의적 복음을 전도해 나갈 수 있는가? —— "땅의 기초를 두사 영원히 요동치 않게 하셨나이다."(《시편》, 104:5) 이 사람들은 복음주의자들이 코페르니쿠스적 발상 이전의 상상력을 갖고 그러했던 것처럼 예수와 동정녀의 육신이 '하늘' 로 '승천했다면,' 그렇다면 그들이 우리의 통신 위성을 따라 여전히 궤도를 돌고 있을 것이며 지금껏 점으로 존재할 것임을 알지 못했는가? 만약 그 몸체의 승천이 2천 년 후에 발생했다면, 이 몸체들은 자신의 이륙을 완료하기 위해 교통 통제기를 요구하지 않았겠는가? 인간의 게놈 프로젝트를 완수할 찰나에 있는 현시대는 또한 캔자스 주의 고등학교 생물 프로그램 중 인간이 창조론, 그리고 꼬임에 넘어가 선악과를 따먹은 두 사람으로부터 유래한 이야기를 가르치기 위해 진화론을 필수 과목에서 제외시킨 사실을 목격하고 있지 않은가? 현대인들이 어떻게 이러한 사고들을 자신의 두뇌 안에 담게 되었는지 지식인들은 궁금해한다. 왜 **예상**과는 달리 신은 죽지 않았는가? 왜 신은 프톨레마이오스 천문학의 길을 가지 않았는가?

진전된 통신 기술이 실제로 구식의 유물론을 저해하고, 물질 세계로부터 엄격한 고정성과 밀도 있고 과중한 물체성을 제거한다는 설명이 부분적인 답이 된다고 생각한다. **불가능한 것은** 유전자 지도에 숙달하고 모든 것을 디지털화하는 세계에서 물질의 변형성과 투과성 속에 기술과학적인 아날로그적 속성을 담고 있다. 영화 《매트릭스》는 대개의 인류가 컴퓨터상으로 유도된 영상의 가상 세계 속에 살고, 또한 자신의 생활 목적을 위해 인간을 거두어 가는 외계인에 의해 통제된다는 전제에서 출발한다. 철학적 전제는 18세기에 회자되었던 조지 버클리의 유명한 명제,

즉 "존재는 지각되는 것(esse est percipi)" 또는 그의 라틴어를 현재적 관점으로 표현하자면 세계의 존재성이 작동되는 소프트웨어, 일종의 정보 프로세서 체계의 기능과 매우 유사하다. 버클리는 세계가 교활한 외계인에 의해 가동되는 거대하고 강력한 컴퓨터가 아니라, 위대하고 강력하며 선한 신에 의해 우리의 정신 앞에 펼쳐진 일련의 현상에 다름 아니라고 주장하였다. (우리가 '숲 속에 떨어진 나무' 라는 난제를 도출하게 된 것도 버클리의 논지와 씨름을 벌인 성과로서 얻어진 것이다.) 버클리는 아일랜드 태생의 프로테스탄트 주교였고, 그는 이 논지를 '신과학' 에 의해 부여된 유물론의 점증하는 위협에 대한 비판으로서 제시하였다. 하지만 **새로운** 신과학(그리고 **새로운** 계몽주의와 **새로운** 나스닥 중심의 경제)은 유물론자(구계몽주의에 속한)가 아니라 주교의 편에 선다. 왜냐하면 진보된 통신 기술 면에서 우리가 감지하는 세계는 정신 대 물질 간의 대립 설정을 불안정하고 진부한 것으로 만드는 정보 프로세서 체계의 효과와 매우 유사하기 때문이다.

위 설명이 대답의 일부분이라고 나는 주장한다. 대답의 다른 부분은 앞장에서 거론된 '탈세속화' 과정, 계몽주의적 의심을 통해서 획득한 의심과 관계된다. 불쌍한 존재인 세속적 지식인들은 상실된 부분을 획득할 수 없다. 현재의 철학들이 낡은 신과학의 열쇠 역할을 한 구계몽주의 속에서 성장했던, 근대적이고 비판적이며 환원주의적인 사고 습관을 점점 더 초월해 나아간다. 하지만 이 모든 것들이 우리를 어디에 남겨 놓는지를 평가하기 전에, 그리고 세속 세계가 어떻게 포스트세속적이 되어가는지에 관한 이야기의 교훈을 끌어내기 전에——이에 대해서는 다음장에서 살펴보기로 한다——나는 우리가 휴식을 취하고, 한 영화를 살펴볼 것을 제안한다. 이 영화는 '또 다른 은하와 시간' 속에서 종교가 어떻게 보일지에 관해 우리에게 설명해 줄 것이다. 즉 지금 여기서 우리가 궁금해하는 내용을 조금은 제시해 줄 것이다.

《스타워즈》의 종교

불가능한 것에 대한 본 에세이에서 출발점은 가브리엘이 동정녀 마리아를 깜짝 놀라게 한 수태 고지와 마리아의 유명한 '부응'으로, 이것은 그리스도교 신앙의 중심을 형성하고, 이 장면을 모든 시대 그리스도교도의 상상력 속에 깊이 각인시켜 온 안젤리코 및 다른 무수한 예술 작품들의 주제가 되었다. 가장 최근의 《스타워즈》 시리즈물인 《스타워즈 에피소드 I: 보이지 않는 위험》은 이와 유사한 이야기를 그릇된 것으로 치부하기는커녕 불가능한 것의 발생을 담은 고대 그리스도교 이야기의 하이테크적 버전을 재차 만들어 낸다. 누가의 태생 이야기를 소재로 삼아 은하계간의 관계를 다룬 조지 루카스의 영화에는 하이테크한 성스러운 가족, '동정녀의 잉태,' 축복받은 어머니, 인간 어머니와 성령을 받은 아버지 사이에서 태어난 아들 등이 나오는데, 이것들 모두는 종교적 구조 속의 종교적 소재로 치장한 인기 있는 공상과학 작품의 일부이다.

다년간에 걸친 《스타워즈》의 인기는, 종교를 비방하거나 그것을 과학 이전의 미신으로 치부하는 도구로 작용한 것과는 거리가 멀게 적지않이 기본적인 신화 구조를 재생산하고, 고전적인 종교 인물들을 하이테크한 세계로 전화시켜 준다. 전통적 교회들이 이를 좋아하건 안하건, 《스타워즈》와 같은 영화는 오늘날 상당수의 젊은이들(가족용 컴퓨터를 다루고 VCR을 프로그램화하는 방식을 부모에게 가르쳐 주지만 전통적 종교의 근본에 대해서는 무지한)이 '종교'를 갖게 되는 방식이다. (심지어는 스포츠조차 젊은이들을 비롯한 많은 사람들이 나름의 '기술'을 얻는 방식이다.) 내 딸의 대학 기숙사 룸메이트 중 한 명은 "내가 인생에 관해 알 필요가 있는 모든 것을 나는 《스타워즈》로부터 배운다"는 포스터——흥미롭게 나의 관점을 보여 준——를 걸어 놓았다. 그런 다음 이 영화는 칸트가 "분노 · 두려움 · 공격성은 어두운 곳으로 이끈다" "파괴하고픈 생각이 들 때 인내는 너의 든든한 우방이다" "화평과 정의를 추구할 때 항상 당신에게 힘이 함께할 것이다" 등 '신중성에 관한 경구'로 간주한 것을 세목화해 나간다. 충고의 내용은 고대적인 것이지만, 포장은 새로운 것이다. 아무도 《스타워즈》가 새로운 종교적 고전을 표상한다거나 루크 스카이워커를 메시아로 착각할 것 같지는 않지만, 진실은 《스타워즈》가 서구와 비서구 양자 모두의 고전적 신화, 윤리적 · 종교적 인물들을 방대한 하이테크적 《오디세이》의 효과를 지닌——완성될 때 3부작 형태를 갖추게 될(아우구스티누스는 "삼각 구조만이 완전하다"고 말했다)——현대적 시각에서 재현한다는 것이다.

전통적인 종교 이야기를 담은 코페르니쿠스 이전의 우주론은 우리의 상상력을 사로잡는 데 실패하였고, 불가피하게 '종교적 초월성'을 생각하는 방법이 변경되지 않으면 안 되었다. 지금껏 살펴본 대로 하늘이 수많은 통신 위성과 제트기를 위한 공간이 된 상황에서 '천국 위'를 올려다본다거나, '승천한' 예수를 마음에 떠올리는 일은 부질없게 여겨지기 시작한다. 비록 우리가 여전히 일출을 경험하고는 있지만, 거의 전적으로 코페르니쿠스적 발상의 전환을 이룬 결과 종교적 관점 표명을 위해 코페르니쿠스 이전의 그리고 농촌적 이미지를 사용하지는 않는다. 《신약성서》학자인 루돌프 불트만이 우리가 만약 《신약성서》를 종교적인 느낌으로 만들기 위해서는 '《신약성서》를 탈신화' 해야 한다 ──즉 과거의 우주론을 뒤로 돌려야 한다──고 말했을 때, 그는 이러한 측면을 명쾌히 파악하고 있었다. 하지만 불트만은 《스타워즈》가 도래할 것으로 보지는 않았다. 왜냐하면 《스타워즈》의 경우──그리고 선택 가능한 사례는 매우 많다──종교적 초월성이 거부되거나 탈신화되지 않기 때문이다. 종교적 초월성의 구조가 거기서 명료하게 발견되어야 하지만, 실제로는 고전적 유신론의 이원론──물질과 정신, 육체와 영혼, 자연과 초자연, 과학과 신앙, 지상과 하늘, 시간과 영원 간의──을 결여하고 있다.

《보이지 않는 위험》은 공화국과 암흑 세력 간의 서사시적 전투의 기원에 관한 이야기를 언급하고 있는데, 이 이야기는 '신의 왕국'과 '암흑의 군주' 간의 전투를 조금은 공상과학적 버전 형태로 묘사한다. 여기서 동정녀의 잉태는 암흑적으로 변형되는데, '다스 베이더'의 모습을 빌려 나타난다. 물론 유전자들(또는 미디 클로리언(midi-chlorians); 모든 살아 있는 세포 속에 존재하는 작은 생물)이 동정녀 어머니가 또한 루크의 동정녀 할머니── 다스와 죽은 별을 아버지로 하는──라는 사실을 밝혀 줄 것이다. (루카스와 제3의 복음 양자를 회상케 하는 천체상의 가족명 내지 부여된 이름이라고 하는 편이 나을 것이다.) '다스 베이더(Darth Vader)'(dark+death+star+invader)는 '사절'(천사; angelos)을 위협하는 악마적 인물 내지 사악한 천사이며, '암흑의 편(dark side)'으로 가버린(vadere) 악의 화신으로서 공화국, 즉 우리를 방문한다. 이 이미지는 조지프 캠벨의 《천의 얼굴을 지닌 영웅》에서 직접 따온 것으로, 이 작품은 영웅 자신도 그 실체를 알지 못했으나 결국에는 그의 형제——또는 본서의 관점에서 본다면 그의 아버지——로 판명된 기괴한 악마적 인물과 싸우는 고전시화적 시나리오를 묘사하고 있다. 중세의 민담들에서는 이 인물이 자신의 얼굴을 완전히 가려 주는 검은 헬멧을 쓰고 검은색 무장을 한다. 악마라는 이름에 합당한 모든 악한 세력과 마찬가지로 그는 선에서 악으로 변신한 인물이다. 어머니는 생명을 지녔지만 아버지는 기(氣)인 젊은이(고전적인 신화상의 인물: 지구상의 어머니와 천상의 아버지-어머니가 지구가 아니고 기가 '천상'이 아닌 점을 제외하면)로서 아나킨 스카이워커는 경탄할 정도로 호감 가고 조숙하며 용감하고 재능 있는 인물이며, 우리도 동정녀 어머니도 그 앞에 어떤 삶이 펼쳐질지를 알지 못한다. 퀴곤 진과 그의 사망 후 어린 오비완 케노비는 제다이족의 본능을 신뢰하고, 그를 오래전 제다이족의 성서에서 기에 균형을 가져오도록 예언된 '선택된 존재'(기름부음 받은 메시아)로 착각한 점에 대해 용서받을 수 있게 된다. 제다이위원회는——이 점에서 운명적으로 옳다——퀴곤이 젊은이를 너무 늦게 발견하여 이미 그 안에 발동한 정열을 길들일 수 없음을 발견하였다. "그 아이 마음에는 이미 너무도 강렬한 분노가 자리잡고 있다"라고 말하며 마스 윈두는 반대한다. 요다는 제다이위원회의 결정(그의 특별 지시는 물론이요)에 반대하는 특이한 표정을 지으며 "오비완, 이 아이의 미래에는 그림자가 드리워져 있네. 그를 훈련시키는 것은 실수일

세"라고 말한다. 이러한 분노와 공격성이 결과적으로 아나킨을 사로잡아 그를 '암흑의 편,' 즉 중력을 받아 완전히 곤두선 얼굴로 그것을 반복하는 젊은이들을 전율하게 하는 '암흑의 편'으로 인도한다. 루시퍼나 다른 악한 천사들, 문제를 일으키기 위해 지구를 배회하며 그리스도에 의해 정복될 '세력과 권세들'(《로마서》, 8:38; 《고린도전서》, 15:24)과 마찬가지로, 다스 베이더와 다른 '시스' 족 영주들(Sith: sin〔죄〕+sinister〔음흉한〕+sick〔병든〕)——발음 자체가 좋지 않은 다스 몰은 뿔과 붉은빛 얼굴을 지니고 있다——은 초자연적 능력이 쇠약해진 존재들이다. 그들은 '기'의 흐름이 선에서 악으로 흘러가도록 허용한다. 그들은 우리(적어도 우리 중 일부)에게 사악한 목적을 위해 특출한 재능을 사용하는 끔찍하고 기괴한 **존재**(deinos)에 대한 아리스토텔레스의 묘사를 상기시켜 준다.

《스타워즈》 속의 전쟁은 동등하면서도 대립되는 두 세력간에 발발하는 형태라기보다는 균형의 결여나 방해 방향으로 작용한다. 《스타워즈》는 뚜렷이 반마니교적이다. 신의 왕국이나 메시아 시대 혹은 평화와 정의의 지배는 기의 부드럽고 조화로운 흐름에 의존하는 반면, '기'가 저해되거나 뒤틀릴 때에는 전쟁이 발발한다. 결과적으로 선과 악 간의 전쟁은 '기'를 자신의 사악한 목적을 위한 도구로 사용하는 시스족 영주들과 '기'가 자유자재로 조화로이 흐르게 하고, 분노나 두려움 및 공격성에 의해 자연적인 리듬이 왜곡되지 않도록 하면서 '기'의 도구를 스스로 창출하는 제다이족 기사 간에 벌어진다. 하지만 만약 '기'가 우리와 함께한다면——이것은 사도 바울의 "내가 산 것이 아니요, 오직 내 안에 그리스도께서 사신 것이라"(《갈라디아서》, 2:20)는

말과 같이 고전적으로 종교적이고 신화적인 언명에 바탕을 둔
──그것은 내가 나의 자아에 의해 '기'가 왜곡되지 않도록 하면
서 나를 통해 자유로이 흘러가도록 허용하는 것을 의미한다.
"'기'가 당신과 함께하기를"이라는 인사는 우리가 서로 주고받
는 가장 거룩한 인사인 "주님이 당신과 함께하기를(dominus
vobiscum)" "하나님이 당신과 함께하기를" "하나님이 당신을 보
호하고 지켜 주시길" "하나님이 당신을 그분의 손 안에 두시길"
과 같은 예배식의 표현이나 고대의 종교적 찬송들을 뚜렷이 전
사한 것이다. 만약 사도 바울이 《스타워즈》에서 역할을 맡았다
면, 그는 예수를 임재하기로 예정된 인간의 아들로 부르기보다
는 은하계에 "'기'가 당신과 함께하기를"(에마뉘엘, 주님이 우리
와 함께하기를)이라는 말을 퍼뜨림으로써 예수에 대한 사랑과 찬
양을 표현했을 것이다. 하지만 '기'는 신이 아니고, 가시적인 하
늘과 땅의 초월적인 창조주도 아니며, 모든 물체를 뚫고 지나는
보편적인 신비-과학적 힘이다. 《스타워즈》의 기본을 이루는 종
교적 도식은 유대-그리스도적이라기보다는 오히려 동방적이다.

'기'에 봉사하는 '제다이' 기사들은 종교 교단의 십자군이나
회원('제다이'는 'Jesuit(예수회)'처럼 들린다)과 마찬가지로, 분명
교황이 아니라 '기'에게 헌신적으로 봉사하는 신의 '왕국'의 보
호자나 신의 기사들이다. 그들은 종교 교단의 구성원들이 입는
낡은 옷을 상기시키는 암갈색 의상을 걸치지만, 《스타워즈》 속의
많은 다른 것들과 마찬가지로 그리스도교 신자라기보다는 오히
려 보다 불교적이다. 불교 전통에서처럼 신입 회원들이 숙련자
로부터 '마음 대 마음으로' 훈련받는다. 그들은 침잠·평화 등
불교 승려를 연상케 하는 계율적 덕목을 갖추고서 은하계를 답파

하며, 불교 승려적 궁수와 전사로서 막강한 '기'를 품고 전투에 뛰어든다. 그들은 성서상의 엑소시스트나 마인드 컨트롤을 행하는 치유사처럼 적을 향해 장력을 펼친다. 이 사람은 신이나 바알세불의 힘으로(〈마태복음〉, 12:24) 치유하는가? 그들과 기 간의 관계는 그가 그것을 행하기 전에 그들의 적이 하고자 하는 것을 그들에게 경고해 주는 선제적 본능을 그들에게 제공한다. 그들은 이러한 일을 손쉽게 해낸다. 종교사에 관한 것을 조금이 라도 아는 사람에게는 제다이족의 전투 기술이 《선(禪)과 궁술》 에서의 유진 헤리젤의 고전적 설명을 실감나게 연상시켜 준다. 선 불교의 거장은 의식적 자아의 수준 및 깊숙이 매장된 본능을 통해 배워 나가야 한다. 숙련 궁수의 솜씨는 훌륭한 눈이나 탁월 한 손-눈을 겸비하는 차원의 문제가 아니다. 오히려 자신 안으 로 "그것이 쏜다." 자아의 눈, 자아의 의식적인 활동을 이처럼 제어하는 일은 효력을 강렬히 발휘하여 선 불교적 궁수가 쏜 화 살은, 그가 눈을 감은 상태에서 쏜 것이라 할지라도 목표물에 적 중한다. 제다이족의 사명은 '기'가 흐르게 하고, '기'가 무한한 모든 은하계를 관통하여 우리와 함께하도록 하며, 공화국을 통 해 은하 내부의 평화를 확립하여 '신의 왕국'의 괄목할 팽창과 실현을 이룸으로써 '지구' 자체와 관련된 것——우리의 종교적 열망을 담고 있고, 여전히 구식의 우주론에 나타나 있는 코페르 니쿠스 이전의 시각——이라기보다는 우주 전체에 평화를 가져 오는 일이었다.

우리는 《스타워즈》에는 전통 종교에서 나타나는 교회, 유대교 회당, 절, 사원과 같은 것이 전혀 존재하지 않으며 전통적인 성직 층도 없다는 것을 깨닫는다. 퀴곤이 다스 몰에 의해 살해당했을 때, 그의 시신은 제다이족 사원에 안치된 후 화장되었지만, 그곳은 교회가 아니라 영웅들의 시신이 추념되는 장소였다. 화장 의례에는 아나킨, 오비완, 아미달라 여왕, 총리인 펠퍼타인, 제다이위원회 및 기타 구성원들이 참석하였지만, 성직자나 종교 의례 내지 본모습을 갖춘 예배식은 전혀 언급되지 않는다. 시신은 재로 바뀌고, 그의 불멸성이나 사후 삶을 언급하는 대신 오비완은 울먹이는 아나킨을 이런 말로 달랜다. "아나킨, 그는 '기'와 한몸이었어. 그를 가도록 내버려두어야 해……. 그는 갔단다." '기'로부터 나오고 '기'와 함께하며 '기'로 되돌아간다. 기는 주고 다시 취해 간다. 기는 육체와 정신, 물질과 정신, 이승과 저승 간의 대립에 의해 분리되지 않는 거대한 매트릭스처럼 처음이자 마지막, 알파이자 오메가이며, 또한 항상적이다.

하지만 그것은 《스타워즈》상에 종교가 없다거나 전 우주가 은하적 세속주의에 굴복한 것을 의미하지는 않는다. 반대로 '기'가 종교적이거나 신비적 구조이고 《스타워즈》 속의 모든 것이 '기'와 연관되어 있는 만큼 **전체는** 한 끝에서 다른 한 끝에 이르기까지 **종교적**이다. 《스타워즈》 속의 전쟁은 공화국과 제국 간, 즉 선과 악 간의 종교 전쟁이다. 하지만 본질은 '기' 또한 과학적 구조이며, 결과적으로 전체는 또한 철저하게 과학적이다. 《스타워즈》 속의 종교는 《스타워즈》 속의 과학과 상충되지 않는다. 전쟁과 과학 간의 대립, 갈릴레이와 교회 간의 전쟁 흔적은 없으며, 특히 종교와 국가 간의 분리 장벽은 결코 나타나지 않는다. 성서적 구성원(이스라엘의 12부족, 12제자)인 12인으로 구성된 제다이위원회——제다이 '사원'을 의미하기도 하는——는 은하계의 정치적 중심이다. 여기서는 육체와 영혼, 지상과 천상, 이승과 저승 간의 이원적 대립 또한 전혀 없다. 다양한 방식으로 그리스도교 신학에 채택된 질료와 정신 간의 플라톤적 이원론은 '기' 안에서 단순히 용해된다. 《스타워즈》 속의 형이상학은 일원론적인데, 그러나 그것이 환원적이거나 자연주의적이기 때문은 아니다. 그것은 모든 사람과 사물을 원자적이고 하부 원자적 구성체의 프로그램화할 수 있는 기능으로 변환시키는 게 아니며, 만약 당신이 주어진 상황 속의 제 요소의 위치와 속도 및 물리학의 제 법칙을 알고 있을 경우 우주의 전 미래를 예견할 수 있다고 여기는 실증주의자의 결정론적 꿈(악몽)과도 전혀 같지 않다. 반대로 《스타워즈》 속의 핵심에 자리하는 '기'는 삶을 신비롭고 예측 불가능한 것으로 만들어 주는 신비적·종교적·과학적 구조이며, 휴먼 드라마를 위한 환경을 제공한다. 왜냐하면 모든 것이 인간과 기 간의 협력 방식에 달려 있기 때문이다. '기'는 과학과 신비주의 주제이며, 숙련자가 되기 위해선 정신적 훈육과 장기적 준비가 필요하다. '기'의 구조는 유신론과 무신론 간의 구분을 무효화한다. 《스타워즈》 속에서 사물은 그런 식으로 분리되지 않는다. 기의 존재를 믿는 사람들도 있고 그렇지 않은 사람들도 있지만, '기' 자체는 이성과 대비된 것으로서의 '계시'나 '초자연적 신앙'의 대상이 아니라 지혜의 문제이다. '기'를 '마음의 속임수'로 무시하는 우주의 환경미화원이자 도박사인 와토와 같은 '바보'나 '기'가 존재하지 않는다고 여긴다. 하지만 적절하고 특출한 구분은 유신론자와 무신론자, 신자와 이교도 간이 아니라 '기'를 정의를 위해 조화롭게 사용할 수 있는 현명하고 비이기적인 사람과, '기'를 왜곡하여 '기'의 불균형과 악을 초래하는 이기적 욕망을 가진 자 간에 그어진다.

결과적으로 서구 형이상학의 고전적 이원론들은 그것들이 용해된 만큼 해소되었으며, 그것들을 뒷받침한 기초는 단순히 철수되지 않을 수 없다. '여기(지구) 밑'과 '저 너머의' 혹은 '위 천상'이라는 코페르니쿠스 이전의 은유 방식은 사라졌다. 《스타워즈》 안에서 '기도'와 유사한 것은 마음 안으로 철수하고, 감각들을 모으며, 스스로 '기'를 내부로 흡인하는 행위이다. 당신은 도움을 요청하기 위해 '위'를 바라다볼 필요가 없다. 성서에 나타나고, 코페르니쿠스 이전의 종교적 상상에서 자명하게 드러난 전제인——하늘은 위, 지옥은 밑, 지구는 중앙이라는——옛 천체 우주론은 완전히 부재하며, 철저히 현대적인 천문학에 의해 대체되었다. 제다이족은 갈릴레이를 자택 감금하기는커녕 그를 일종의 모세 내지 사도 바울로 간주했을 것이다. 요다는 "그는 예언자였다"라고 말했을 것이다. 《스타워즈》 속의 종교는 과학 이전의 농촌적 문화에서 만들어진 종교 신하들을 건수빝은 한편, 매일 매시간 통신 위성을 이용하는 현대의 종교적인 사람들이 갖는 긴장감을 덜 가진다.

'루카스에 따른 복음'에서 세계는 수 세기간 종교적 사상가들을 괴롭혀 온 통제 불능의 대립들이 재화합하는 방식으로 그려지며, 이 재화합은 도려내는 방식으로 이루어진다. 공화국에서 신앙과 이성, 자연과 초자연, 물질과 정신은 동일한 포목으로부터 잘려 나온 요소들이다. 루카스는 이러한 대립들이 알려지지 않고 의미를 상실하는 세계를 담백하게 만들어 냈다. 제다이족 숙련자들이 갖춘 재능은, 그 방식은 신비로울지라도 완벽하게 보이는 과학적 기초를 담고 있다. 그들의 몸 세포는 통상의 '미디 클로리언(midi-chlorians)'보다 밀도 있는 집중성을 함유한다.

이 세포들은 모두가 소유하고 과학적으로 측정 가능한 현미경족 유기체들로서, 우리와 '기' 사이를 중재하고 우리로 하여금 기를 느끼게 해준다. 퀴곤이 아나킨을 만났을 때, 그는 아나킨의 미디 클로리언의 수를 헤아리는 혈액 실험을 한 결과 아나킨이 특출한 고도의 집중력(2만 단위 이상의)을 지녔음을 알고 있었기에 그를 '선택받은 존재'로 인정하였다. 사실상 그는 메시아의 형체를 스크린 처리하면서 메시아에 대해서도 혈액 실험을 하였다. 인간은 미디 클로리언과의 상징적 관계 속에서 살아간다. 만약 우리가 전통적인 그리스도교와 불교의 수도승적 수행에서처럼 마음을 다스리는 방법을 배운다면, 미디 클로리언이 '기'의 '뜻'을 우리에게 전해 주기 때문에 우리는 기가 우리에게 말해 주는 바를 듣게 될 것이다. (기도와 내적 침잠을 통해 우리는 우리에 대한 신의 뜻을 알게 될 것이다.)

따라서 《보이지 않는 위험》 속의 동정녀 잉태는 과학적 설명과 더불어 신비로운 종교적 차원을 포함한다. 루카스는 누가의 잉태 이야기에 상응하는 것으로 '기'를 잘 받아들이는 쉬미 스카이워커를 고안해 내는데, 왜냐하면 "'기'가 그녀와 함께할 것"이고 하이테크한 수태 고지에서 그녀를 엄습할 것이기 때문이다. '기'는 그녀 안에서 엄청난 일을 이루어 내고, 자신의 의지를 '기' 앞에 내세우지 않으며, 은하계들 전체를 관통하여 메아리칠 "있는 그대로 두어라(sci-fi fiat)"고 말하는데, 이 표현은 아나킨이 자신의 운명대로 자유로이 활동하는 동안에는 노예로 남아 있을 것임을 의미한다. 아들은 선택된 자로 불리게 될 그녀의 태내에 들어 있다. 이 '기'의 아들은 '기'의 힘에 의해, 즉 미디 클로리언의 놀라운 집중에 의해 잉태된 것이다. 루카스는 서구의 가장 근본적인 담화에 해당하는 표현에 의거하고 있다. "그리고 그(천사 가브리엘)는 그녀에게 다가와서 말했다. '선택받은 그대에게 인사하노니, 주가 그대와 함께 있을지라……. 성령이 그대에게 임할 것이고, 지고한 힘이 그대를 지배할 것이다……. 그러자 마리아는 '주의 종인 저 여기에 있나이다. 제가 당신의 말씀대로 따르게 하소서.' 이에 천사는 그녀로부터 떠나갔다."(《누가복음》, 1:28, 35, 38) 물론——《스타워즈》에서——모든 사람이 희망하고 기대한 그대로 상황이 진행되지는 않았지만, 그것은 많은 돈을 들여 찍어야 할 아홉 편의 후속 이야기가 있었기 때문이다.

우리는 캠벨——루카스에게 종교적 영감을 주었고 신시대적 유행을 이끈——이 《스타워즈》가 의미 있는 종교적 차원을 획득하는 것을 보고 싶어한 머시아 엘리아데라고 생각할 필요는 없다. 캠벨은 카를 융의 '원형' 이론으로 회귀하는 사고를 대중화하였는데, 이 이론은 종교적 무의식의 생활 속에 깊이 각인된 근본적인 초월 구조를 보여 주려는 것으로, 루카스는 이 사고를 전달하는 데 효율적인 수단임이 증명된 대규모의 공상과학 소설로 작품화하였다. 분명 다른 예들도 있다. 《매트릭스》에서 구세주/메시아의 흥미로운 '부활' 장면이 나오는데, 그것이 흥미로운 이유는 이 영화를 통해 경험하는 '현실'이 컴퓨터 프로그램의 효과에 해당하기 때문이다. 《식스 센스》는 전적으로 사자(死者)의 관점에서 일어나는 장면, 사후 삶에 관한 길다란 묘사의 형식으로 되어 있다. 이런 유의 다른 사례들도 마찬가지이다. 하지만 우리의 종교적 무의식에 뿌리를 깊이 내린 내용을 추출하고, 근본적인 종교 이념들을 재상상하거나 탈신화화하는 데 특별한 솜씨를 발휘한 《스타워즈》야말로 독특한 면을 지닌다.

그렇지만 이 모든 것이 정확히 의미하는 것은 무엇인가? 그것은 코페르니쿠스 이전 세계에서 발생한 전통적 교회들이 시대에 뒤떨어진 것을 의미하는가? 우리는 전통 교회들이 현대성을 결여했기 때문에 종교를 배우기 위해 대중 문화를 탐색해야 하는가? 전통적 신앙은 근본주의라는 십자가에 자신의 지성을 기꺼이 못박으려 하지 않는 사람에게는 믿는 게 불가능한가? 이런 관점은 지나치다는 느낌을 준다. 전통적 고백들은 우리의 종교적 기억들을 생생하게 유지시켜 주고, 이 기억들을 면밀히 학술적으로 연구하며, 미래를 위해 우리의 희망을 짓는 구조적 · 제도적 구현체를 제공하는 방식으로 종교적 신념을 위한 비판적 토대를 마련해 준다. 그것들은 많은 사람들의 일상적 삶에 조직적이고 인간적인 힘을 부여한다.

그럼에도 불구하고 나는 다른 무언가가 교회 외부에서 법석대고 있으며, 무언가가 전통적인 신앙들의 경계 외부 또는 그 너머로 미끄러져 나가고 있음을, 동시에 어떤 종교는 이러한 전통적인 종교 없이도 번성하고, 종교 없는 종교이며, 종교적 초월감이 새롭고도 다른 형태를 갖추기 시작했음을 말하려 한다. 전통 신앙들이 자체적으로 포함할 수 없는 무언가를 내포하게 되고, 오늘날에는 종교적 현상들을 종교들로부터 탈색시키려 하며, 전통 신앙 외부에서 그리고 종교와 과학, 육체와 영혼, 이승과 저승 간의 고전적 대립 외부에서 종교의 구조를 재구성하려는 경향이 명백히 나타나고 있다. 《스타워즈》는 현대의 젊은이들에게 제도적인 종교 신앙들의 범주 외부에서 근본적인 종교 구조의 명시적인 '반복'이나 전유, 그리고 하이테크한 종교적 신화를 제공한다. 종교적 초월성은 전통 종교들을 초월하기 시작했다. 만약 이들 중 어느것이 시대적 난센스나 미신의 요소를 담고 있다면, 《스타워즈》는 종교와 포스트산업 기술의 기묘한 공생을 담은 신비주의와 과학의 매혹적인 결합을 보여 준 셈이다. "'기'가 당신과 함께하기를"이라는 말은 고대적 열망, 고대적 신앙, 눈물어린 희망, 집착하는 사랑을 하이테크적으로 표현한 것이다. '기'가 함께하면 불가능한 것이 없기에 '기'가 당신과 함께하기를 기원하는 것이다. '기'는 불가능이란 전혀 없는 고대적 신의 이름과 상통한다. 《스타워즈》의 경우 과학이 불가능한 것을 향한 열정을 제어하는 것이 아니라 신비로운 열정과 밀접히 함께 작용하여 과학과 신화, 종교적 상상과 과학적 상상을 구분하기가 무척 어렵다. 종교적인 생활감은 《스타워즈》에서 사라지지 않고 재상상되거나 재신화화된다. 그것은 새로운 상상적 형태를 취하기 위해 코페르니쿠스적 발상 이전의 고전적이며 이원론적인 청이상학과 결별한다.

신은 교회 내외적으로 죽지 않고 잘 살아 있다. 과거에 헤라클레이토스가 말한 대로 신들은 모든 곳에 자리한다.

IV

불가능한 사람들

우리의 논지를 더욱 진행시켜 보자. 근대 이전에는 종교적 믿음으로 본 비가시적 세계가 지상의 삶보다 더 높은 실체적 질서에 속하는 것으로, 즉 성 안셀무스가 말한 대로 더 이상 실체적인 것을 생각할 수 없는 **진정으로 실체적인** 것으로 여겨졌다. 근대말에 이르러 종교적 믿음은 다양한 방식으로 **비실체적인** 것으로 거부되고 환상적이거나 현실 도피적인 미신, 우리의 무의식이나 약점, 혹은 죄악으로부터 이끌어 낸 허구로 '폭로되었다'——사실성을 추구하는 뉴턴주의자들과 전적으로 실증 지향의 실증주의자들이 종교적 믿음을 우리의 머리로부터 축출하는 데 심혈을 기울였다. 오늘날 포스트세속적 혹은 포스트근대적인 측면에서 종교적 생활감은 내가 **초월적**이라고 지칭한 것, 즉 현실 너머의 실체로서 가능한 것에 대한 근대적인 편협적 사고로는 파악되지 않는 세계, **불가능한** 것이 가능한 세계로 향한다. 불가능한 것은 현재의 실체성을 내부로부터 흔들고, 우리로 하여금 기도하도록 이끈다.

이런 표현이 허용된다면 종교적인 삶의 복귀는 지금 내가 나의 주된 논지를 전개하기 전에 밝혀야 할 또 다른 문제를 야기하는데, 이 문제는 마지막 장의 첫부분에 언급될 종교 없는 종교 구조 문제와 관계된다. 나는 종교의 과격한 복귀, 세계 주변의 다양한 근본주의적 흐름으로 나타난 종교적 불관용이나 두드러진 폭력성의 문제——이전의 계몽주의가 축출하려고 무진 애를 썼던 주된 요소 중 한 가지인——까지도 언급하려고 한다.

　종교 문제 중 상당 부분이 종교적인 사람들과 관련된다. (이들 없이는 종교 기록상에 오점이 없을 것이다.) 〈시편〉의 저자들이 말한 대로, 개천을 향해 달리는 사슴처럼 갈망하면서 스스로 불안정해하며 달아오른 사랑으로 충만된 종교적인 사람들, '신의 사람들,' 불가능한 것의 사람들은 불가능한 사람들이다. 그 말의 모든 의미에서 그러하다. 어느 날 당신이 거대한 도시 내 가장 형편이 어려운 이웃 사이로 들어갔을 때 빈자들에게 봉사하고 그들의 생계비를 지불하거나 우리 중 가장 변변치 못한 자들을 위해 자신의 시간을 아끼지 않는 사람들을 발견할 경우, 그들은 거의 분명 종교적인 사람들——남녀의 그리고 흑백의 복음주의자, 오순절 교회파(Pentecostalists), 깊은 종교적 확신을 갖춘 사회봉사자들, 그리스도교인, 유대인, 이슬람교인——일 것이다. 그들은 인간의 본성을 지닌 훌륭한 천사들이다. 그들은 도랑 속으로 내려오거나 거리로 나가 과부와 고아나 이방인에 봉사하는 반면, 종교 비판자들은 '일요일' 아침에 잠자고 있다. 그 이유는 종교적인 사람들은 사랑하는 자들이기 때문이다. 그들은 그와 더불어 모든 것이 가능한 신을 사랑한다. 그들은 불가능한 것에 대한 사랑으로 충만한 초현실주의자이며 불가능한 것이 일어날 때까지 휴식을 취하지 못할 것인데, 그것은 불가능하기 때문에 그들은 거의 편안히 안주하지 못한다. 다른 한편 철학자들은 훌륭한 호텔에 머무르고 상호간에 '이해하기 어려운' 논문들을 읽으며 주말에는 여행을 떠나곤 하는데, 이들은 이를 지상의 버림받은 자들에게 봉사하는 나름의 방식이라 여긴다. 그런 다음 신의 사망을 선포한 뒤, 그들이 우연히 안식년 휴가를 얻어 파리에 머무르는 경우가 아니라면 자신들의 일상으로 되돌아간다.

종교는 불가능한 것, 즉 신을 열정적으로 사랑하는 사람들을 위한 것이다. 이들은 나머지 사람들을 무정한 게으름뱅이처럼 보이도록 만든다. 하지만 동시에 불가능한 것을 불안정한 상태로 열정을 기울여 사랑하는 사람들은 또한 신과 관련하여 스스로 혼란해하고, 일반적 자유 그리고 때로는 그들과 동의하지 않는——그들은 이를 신에 동의하지 않는 행위로 간주한다——사람들의 삶까지도 위협하는 불가능한 사람들이다. 종교에서 신에 대한 사랑은 누군가의 경력·자아·성·정치·윤리 또는 그가 선호하고 종교를 희생양으로 삼는 형이상학 체계와 혼동될 위험에 노출된다. 그렇다면 종교는 신의 사랑을 **위해** 희생하는 대신 신의 사랑을 희생양으로 삼는 경향성을 띠게 된다. 그런 이유로 우리는 밤낮을 가리지 않고 끊임없이 "내가 나의 신을 사랑할 때 나는 무엇을 사랑하는가라고 자문해야 한다. 재차 강조하건대 종교는 우리가 만든 것이지 신의 작품이 아니며, 우리는 종교나 우리 자신을 신과 혼동하는 일을 피해야 한다. 모세와 아론에 관한 종교 이야기는 그 자체가 구조 문제로서 종교가 아론과 황금 송아지의 자리를 차지하는 종교 이야기에 해당하는데, 왜냐하면 그것이 거래되는 주식과도 같은 인간이 만든 우상——건물·제도·신학 및 계서제——을 만들지 않을 수 없기 때문이다. 우리는 신의 이름으로 이러한 우상들을 만들 망치를 간직하고, 이 망치로 신학화할 준비가 되어 있어야 한다. 이러한 사고는 위 구조들을 바닥으로 내팽개치는 게 아니다. 왜냐하면 우리가 인간의 손으로 만들어진 다른 구조물을 필요로 하듯이 그것들을 필요로 하며, 다만 그것들을 개정 가능하고 정직하게 그리고 항시 비판에 대해 열려 있도록 해야 한다. 만약 일본의 철학자 니시다 기타로가 이전에 말한 대로 종교가 망망대해를 항해하는 뗏목과도 같다면, 우리는 뗏목 젓는 일에 열중함으로써 신의 일, 즉 사랑이 소홀히 되지 않도록 경계해야 한다. 그런 까닭에 나는 마이스터 에크하르트의 "나는 나 자신을 신으로부터 소거할 수 있게 해달라고 신에게 기도한다"는 출중한 기도 내용을 늘 마음에 품어 왔다. 이 기도는 신의 대양에 대한 기도, 우리로부터 뗏목의 신을 제거하는 기도이다.

상황은 현저히 불가능하다. 종교적인 사람들은 불가능한 것의 사람들이고, 신은 그들을 사랑하고 도우신다. 종교적인 사람들과 불가능한 것의 사람들 모두 신의 이름으로 같은 지붕 밑에 자리한다. 소금의 가치가 있는 다른 모든 것과 마찬가지로 종교는 그 자신과 긴장 관계에 있으며, 우리의 일은 그러한 긴장을 해소하는 것이 아니라 그 긴장이 열린 방향에서 생산적이 되도록 해야 한다.

사도 이 에프(E. F.)

내 견해로는 모든 불가능한 것의 사람들 중에서 가장 불가능한 사람들은 근본주의자들이다. 근본주의는 뗏목을 종교와 혼동하고, 종교와 신을 혼동하며, 자신의 의견을 신의 말씀과 혼동하고, 우리의 가장 낮은 자아를 신의 '가장 높은' 영광과 혼동하는 경향성을 담고 있기에 가장 위험한 형태에 해당한다. 종교적으로 말하자면 신의 무한한 초월성을 인간의 종교적 창조물들과 혼동하는 우상의 한 형태이다. 근본주의를 지식인들이 이해하기란 거의 불가능하다. 스스로를 비판적이며 지성적이라고 생각하는, 또는 적어도 포스트비판적이라고 여기는 사람들에게 광기적인 것으로 보이는 이 이상하고 자극적인 현상의 심장부로 우리가 어떻게 뚫고 들어갈 것인가? (내가 '포스트'로 언급된 일체의 표현들을 무척 선호할지라도 나 자신은 포스트지성적이 되길 원하는지 스스로도 확신하지 못한다.)

이것은 내가 보다 학식 있는 종교 비판자인 아우프클라레처럼 행동하여 고발당하길 원치 않고, 근본주의자들의 영성을 턱없는 난센스로 치부하길 원치 않기 때문에 매우 중요한 문제이다. 나는 불가능한 것을 향한 이러한 열정을, 그것이 온 마음을 다 바치는 신자들의 몸체와 마음을 흔들 때마다, 내적으로 안정시키고 신성한 광기의 리듬에 맞추며 신의 말씀에서 얻는 환희로 고동치기를 원한다. 나는 조롱하지 않고 춤추며 노래하기를 원한다.

이 특출한 임무를 수행하기 위해 먼저 나는 내가 선호하는 요즘 영화의 한 작중 인물의 특징적인 면모를 분석하는 작업을 행하고자 한다. 나는 1997년 로버트 듀발의 제작 영화 《사도》에서 불가능한 것을 불가능할 정도로 사랑하는 사도 이 에프(Euliss 'Sonny' Dewey, a.k.a. the Apostle E. F.)를 진정한 포스트모던적 사도 바울로 간주한다. 이 영화는 '바유 부트(Bayou Boutte)'라 불리는 먼지 자욱한 루이지애나 타운의 '신앙촌(Bible Belt)' 중심부에 깊이 뿌리내린 바울식 생활 모습을 적나라하게 담고 있다. 그것은 때로 듀발의 비극적인 자아를 위한 허영적 도구로 비판받기도 하지만, 나는 이보다 전 삶이 성서적 영감으로 활성화된 사람들의 몸과 영혼을 통해 우러나는 종교적 영성이나 열정(en-theos, 우리 안에 신을 갖는)을 영상 안에 통찰적으로 담은 영화를 알지 못한다. 사도 이 에프(듀발)의 회합이 주로 아프리카적임과 동시에 미국적인 속성을 담고 있다는 점은 우연이 아니다. 이들 '오순절 교회파' 그리스도교도는 유대교 〈시편〉 작가들의 종교성을 곁들여 아프리카 종교의 기본 리듬과 음악을 합성한 방식으로 주 앞에 마음을 드러내 놓고 노래하며 춤춘다. 그럼으로써 성령으로 가득 차고 '성령의 힘'에 의해 움직이는 장려하고도 환희에 찬 일종의 광기를 보여 준다. 나는 '성령과 예수님에 의해 영감받은 설교 기계'라고 이 에프는 외친다. 예수님 감사합니다. 예, 예. (만약 내가 현대 프랑스 철학에서 두드러진 프랑코 카준의 감동을 부가해도 된다면.) 전혀 놀랍지 않게도 영화 속의 조연들은 듀발——그가 각본·감독·제작을 맡았으며, 그가 설정한 큰 규모의 촬영장은 무언가를 행하려는 많은 사람들로 가득 붐볐다——에 의해 소집된 실제 교회들의 실제 설교자들과 성도들이다.

《사도》는 천사에 관한 신시대 영화의 우둔함과 엘머 갠트리와 같은 허풍쟁이에 관한 영화의 지루함을 우리에게 보여 주는 또 하나의 사례에 해당한다. 나의 견해로는 이 영화가 개종과 관련된 문학에 속하고 사울/바울의 위대한 개종의 기억, 그리고 위대한 그리스도교도들의 변덕스런 박해자에 대한 기억 및 듀발의 작중 인물처럼 여성에게 마음을 두었던 아우구스티누스 자신에 대한 기억들을 환기시켜 준다. 엘머 갠트리와는 달리 소니——또는 사도 이 에프(물론 이름의 차이는 중요하다)는 진지한 인물이지만 분열적 사고를 지니고 있다. 그는 자기 배역의 모델 중 하나인 사도 바울과 더불어 "나는 옳은 것을 의도할 수는 있지만, 그것을 행할 수는 없다. 왜냐하면 나는 내가 원하는 선을 행하지 않을 것이며, 내가 원치 않는 악을 행하고자 한다"(《로마서》, 7:18-19)라고 말할 수 있는 바울적 성향이 강한 인물이다(영화 제목 자체가 이를 암시한다). 동일한 방식으로 이 에프의 곤경들 또한 아우구스티누스가 《고백록》에서 묘사한 자신과의 '일상적 전쟁(bellum quotidianum)'을 우리에게 상기시켜 준다.

자신보다도 다른 사람을 개종시키는 데 탁월했던 이 에프는 사랑과 폭력, 복음적 열정과 질투 섞인 분노, 사도적 일을 위한 이타적 비용 부담과 폭발적인 격정, 신의 말씀을 설교하는 것과 파기하는 것 사이에서 혼돈을 거듭한다. 그가 사이가 좋지 않은 아내(파라 파셋) 제시로 하여금 결별 문제를 두고 그와 함께 기도하도록 무릎 꿇기를 요청했을 때, 그녀의 배신과 그로부터 텍사스의 고향 마을 교회 목사 직분을 앗아간 것에 대한 보복으로 그녀의 목을 비틀려 하지 않을까 하는 점에 대해 그녀도 우리도 확신하지 못한다. 그는 제시와 애인이자 젊은 목사이며 어린이 야구 리그의 코치인 호레이스(토드 앨런)를 쏴죽이고 싶은 유혹을 이겨낸 후, 야구 방망이를 잡아 그를 때리는 것으로 끝을 맺는다. 그리고 나서 그는 타운을 떠나 새로운 이름을 채택하고 목가적인 루이지애나에서 새 생활을 시작하며, 여기서 복음을 향한 열정을 담고 '천국에 이르는 유일한 길'이라는 기치하에 버려진 농촌 교회를 복원한다. 그리고 그것을 활력이 넘치고 충만한 인종간 목회 장소로 전환시킨다. 그렇지만 그가 어느 일요일 그의 교회문에 나타나 예배를 무산시키겠다고 협박하는 인종 차별주의적 말썽꾼(빌리 봅 손턴)을 흠씬 때려눕히는 일을 저지르기도 한다.

신의 사람, 열정의 사람, 가장 자그마한 부분, 가장 자그마한 철자에 이르기까지——그가 전투할 때 취하는 이름 속의 철자들과 마찬가지로——진실된 내용을 담은 성경의 사람으로서 이 에프는 그가 어느곳을 가건 이 성경을 휴대한다. 그는 《구약성서》와 《신약성서》들의 교회법상의 일련 번호를 암기해 두었다가 언제든지 현기증나는 속도로 읊어댈 수 있다. 그는 허풍쟁이 빌리 봅이 그에게 맞은 보복으로 이 에프의 교회를 허물어뜨리겠다며 끌고 온 커다란 불도저 앞에 성서를 내려놓는다. 성서가 앞에 놓이자 불도저는 멈추게 되고, 감동적인 장면을 통해 이 에프는 빌리 봅의 마음을 들여다보고 그의 분노와 저주를 회개와 화합의 마음(metanoia)으로 바꿔 놓는다. 영화의 핵심 장면이고, 영화 속에서 위험에 처한 모든 대상이 겪는 이러한 개종 장면은 바로 소니/이 에프가 스스로 터득해 나가야 할 삶의 역정을 보여준다. 그는 사울이 바울이 되고 아브람이 아브라함이 된 것과 똑같이, 그에게 개종을 의미하는 이름의 변화를 가능하게 해줄 변화술을 통달하지 않으면 안 된다. 마침내 그는 성공한 것처럼 보인다. 그는 호레이스에 대한 공격의 법적 결과를 받아들이며, 교회 유지를 위해 경찰이 그를 감옥으로 끌고 갈 때 자신의 보석을 헌납한다——하지만 그러기 전에 먼저 그의 교회에서 감동적인 최종 미사를 드린다. 마지막으로 그는 예수를 향한 또 하나의 감동적인 노래를 부르며——마케도니아 감옥에서 밤 늦도록 주를 찬양하는 바울과 실라처럼(《사도행전》, 16:25)——힘겨운 노동을 동반한 죄수 생활을 한다.

농촌 교회를 통해 '성령'과 흥분, 그리고 환희의 물결을 퍼지게 한 회심의 열정——분명 이같은 미사를 소재로 삼은 영화들 중 최고의 장면이 될——은 사랑과 말씀을 담은 무차별·무조건 그리고 무한량의 신의 열정이다. 만약 하나님께서 세상의 천한 것들과 멸시받는 것들과 없는 것들을 택하사 있는 것들을 폐하려 하시나니(〈고린도전서〉, 1:28) 교구인 중 한 명이 감출 수 없는 기쁨으로 소리지를 것이고, 그리되면 신이 나의 수고를 가져가 덜어 주고 나를 변화시킬 수 있다. 얼마나 탁월한 성서신학의 한 부분인가. 하지만 소니/이 에프에게, 그가 행복하건 불행하건 간에 그러한 격정적 열정은 즉시 그의 거대한 힘이 됨과 동시에 약점이 되고, 그것은 복음적 열정과 달아오르는 분노 간의 거칠고도 변덕스러운 변동과 무관계한 것은 아니다.

거듭해서 내가 이 에프와 관련하여 주목하려는 점은 그가 자신과 벌이는 바울식 투쟁, 즉 그가 우리 삶의 모호함을 구성하는 '아마도' 또는 '아마도 그렇지 않겠지'와 같은 회색빛의 인간적 그림자 없이 절대의 세계 속에서 배회하려 하는 점이다. 그가 행동할 때 그는 무조건적 사랑, 무조건적 분노, 무조건적 정의감을 갖고 무조건적으로 행동한다. 이 에프의 마음이 신의 일을 향할 때 그는 사도 바울과 경쟁 상대가 되지만, 그의 사랑이 재로 화할 때에는 매우 위험해진다. 사람들 대부분은 자신의 이웃에게 이러한 위협이 되지도 못하고, 신에게 이러한 봉사를 드리지도 못한다. 네가 이같이 미지근하여 더웁지도 아니하고 차지도 아니하니 내 입에서 너를 토하여 내치리라!(〈요한계시록〉, 3:16) 키에르케고르의 필명인 요한네스 클리마쿠스는 소니/이 에프가 '평범한 사람'이 되는 것을 비난할 명분을 갖지 못했을 것이다.

‘하나님의 말씀’은 좌우에 날선 어떤 검보다도 예리하다.(〈히브리서〉, 4:12) 그것은 적을 제압할 정의의 칼을 우리에게 제공해 주는 한편, 우리의 허영과 자의지라는 관절과 뼈를 깎아 버린다. 내 견해로는 날을 세운 칼끝은 그것의 무조건성, 즉 우리가 여기서 절대적 도구를 부여받았고 그럼으로써 시간의 흐름과 변화하는 불확실성의 모래 너머로 들어올려졌으며, 신이 우리의 귀에 대고 절대적 비밀을 속삭였다는 환상에 젖도록 하는 느낌을 나타낸다. 그렇게 되면 우리는 우리 자신이 성경상에서 인간적인 것과 신적인 것, 신으로부터 유래한 것과 우리의 자아로부터 유래한 것을 분류하는 힘든 작업으로부터 풀려나게 되었다고 느낀다. 성서는 상충되는 메시지들의 복합체이고, 우리는 일차적으로 그것들을 신의 말씀으로 받아들인 점에 대해, 그리고 우리 스스로가 결과적으로 그것들을 이용한 것에 대해 책임져야 한다. 우리는 불가피하게 우리의 책임, 우리의 독법일 수밖에 없는 것에 대해 신적 권위를 주장함이 없이 그렇게 해야 한다.

결국 당신이 신비주의자에 대해 어떻게 생각하든지간에, 절대자가 **책**의 형태를 띠게 되었다고 주장하느니 신비주의자가 오밤중에 진실의 마음이라는 말없는 환상의 방문을 받았다고 주장하는 것이 보다 일관된 일일 것이다. (신비주의자들이 입을 열거나 펜을 들 때——그들은 한결같이 그렇게 한다——문제는 시작된다.) 책은 글과 문자로 씌어진 것이기에 그러하며, 그런 까닭에 오늘날 신학자들은 ‘텍스트’라는 표현을 더 선호한다. 그들은 텍스트라는 말에 의해 ‘책’의 ‘저자’의 권위를 경시하고, 복합적으로 **짜여진**(texere) 생산품과 더불어 작업하는 불협화음적 효과를 강조하려 한다. 왜냐하면 씌어진 저술은 때로 매우 다른 시기에 걸쳐

많은 상이한 저자들에 의해 복잡다단한 작업을 거쳐 이루어진 업적들이며, 그것의 통일성이란 사실 환상적인 것에 불과하다. 그러한 텍스트적인 특성은 성서의 경우 현저히 나타나는데, 그것의 원 문맥과 권위적 의도를 확실하게 재구성하는 작업은 불가능하고, 그것의 다음성(多音性)은 상이한 시대와 공동체들에서 발원한——그것을 식별하기란 불가능하다——권위가 겹층으로 축적된 결과이다. 한 텍스트는 끊임없는 탈문맥화와 재문맥화, 끊임없는 독서와 재독서를 인정하며——물론 그것은 동시에 강점이 되기도, 약점이 되기도 한다——결과적으로 다양한 해석을 인정한다. 장기간 한 텍스트를 연구했던 누군가가 테이블을 치며 "이것이 그것이고, 이것이야말로 그것이 **의미한** 것이다"라고 외쳐대면, 우리는 그들이 최종적인 방식으로 그것이 의미한 것을 발견한 것이 아니라 오히려 그들이 자신들의 해석을 최종적으로 정했다고 확신할 수 있다. 텍스트는 누군가가 해석 대신에 '절대적인 것'을 탐색하려 할 경우 선택해야 하는,**최후의** 것과 관련된다. 그것은 '해석학' 용어에 관한 현시대의 적나라한 온갖 소동을 보여 준다.

성서적 영성 안에는 이에 대한 흔적이 거의 없을지라도, '성서' 자체——마치 그것이 딱 한 가지의 신적 저자가 쓴 딱 한 가지 내지 한 질의 책인 것처럼——는 현상의 모호함과 불확실성을 보여 주는 또 다른 모범적 사례에 해당한다. 신의 절대적 사랑은 절대성 자체, 절대적인 것 안에 머무른다는 환상이라는 가느다란 선에 의해 절대적 분노와 분리된다. 무조건적 진리와 절대적 정의감의 비인간적이고 살기 어려운 영역에서 움직이는 대신에, 우리는 오류적 구성물들, 철저하게 도덕적이고 조건적인 삶——우리는 이것이 신의 말씀이라고 말하고, 이 성서에 키스할 때조차 그것의 제약으로부터 부담을 덜지 못한다——을 위해 안착해야 한다. 이를 인정하지 않으면 신과 죽음, 종교와 폭력은 결코 분리되지 않을 것이다.

《사도》는 성서적 영성의 리듬에 따라 움직이는 종교적 마음의 갈등을 탁월하게 엿볼 수 있게 해주는 드물게 통찰력을 갖춘 영화이며, 바로 그러한 측면 때문에 나는 이에 관심을 기울인다. 하지만 정치적 측면을 깨끗이 제거하여 보다 큰 문제들을 회피하도록 해주는 것은, 오히려 마음의 사적인 부분에 대한 제한된 관찰력이다. 그것은 '삶의 권리' '가족적 가치' 나 공립학교의 교육 방식과 같은 일시적 논쟁점, 즉 이토록 활기 있고 생동적인 성서적 신앙을 강력한 정치적 힘으로 변형시키는 논쟁점들을 전혀 언급하지 않는다. 그것은 이러한 신앙이 공공화되고 진정으로 환희적인 성서적 영성이, 정치적 관심사들이 전세계를 강타하는 방식으로 국가적 논쟁점들 속에 공적인 자리를 차지하게 될 때 발생하는 문제를 거론하지 않는다. 그것은 종교적 '근본주의' 가 오늘날 취하는 궁극적 문제인데, 이 영역에서는 이 에프의 마음을 뒤흔들었던 상충적 열정들이 정치적 행동으로 변형되거나 폭력으로 이끌지 않는다.

근본주의

근본주의자들의 시각에서 논의를 시작해 보기로 하자. 현시대의 '세계' 는 근본주의자들에게는 광기에 젖어 있는 것처럼 보인다. 성경적 이미지들에 의해 훈육되고 연마된 영혼에게는 후기의 하이테크한 자본주의적 민주주의가 성서의 소돔과 고모라처럼 보인다. 첫째로 '소돔' 자체——악명 높은 성서적 도시 안의 영예로운 시민권을 의미하지는 않는——는 오늘날 다른 사람들이 상관할 일이 아닌 관련 당사자간의 문제로서 공개적으로 옹호받는 상황이다. 동성애는 청교도적 문화에 의해 감춰져 있던 벽장으로부터 전면적으로 밖으로 노출되어 '가내적 파트너들'이나 '동성의 결혼' 파트너들이 공개적으로 법적 지위와 건강보험 혜택을 위해 소송 준비중이다. '전통적인 가정'——통계적으로 점차 소수가 되어가는——은 급증하는 이혼율로 인해 약화되고, 집에 머무르거나 전통적인 육아에 자신의 역할을 한정하기를 거부하는 여성들에 의해 더욱 불안정하게 되었다. 점점 더 많은 아이들은 10대의 미혼모나 약물에 중독되었거나 혹은 에이즈로 죽어가는 부모로부터 태어나며, 심지어는 수백만의 태아들——이 숫자는 분별력 있는 사람들을 전율케 하기에 충분하다——이 역사상 유례없는 낙태에 의한 출생률 통제에 의해 탄생하지 못하는 운명에 처해질 전망이다.

　다른 사람들이 건전한 '복수주의' '선택권' '다르게 될 권리'로서 간주할지도 모를 것들이, 초보수적인 사람들에게는 아무것도 신성하지 않으며 아무도 실제로는 그 어느것도 믿으려 하지 않는다는 '도덕적 퇴락' 내지 허무주의로 보인다. 신과 기도는 공공 장소로부터 금지되는 한편, 낙태는 합법적으로 보호받는다. 새 천년의 벽두에서 '세계'의 권세와 권력, '신의 왕국'의 성서적 적대 세력으로서의 이같은 다형체적 생활 방식은 초보수적인 심성의 종교인들에게는, 마치 로마 황제들이 기원전 1세기의 유대인들에게 그래 보였던 것처럼 다신론적·우상숭배적·퇴폐적·광기적으로 보일 것임에 틀림없다. 그래서 이러한 혼돈의 와중에서 성서적 의미를 지닌 전염병인 에이즈가 일차적으로 동성애자들에게 감염되었을 때(수혈 과정에서 감염된 '죄 없는' 수많은 사람들을 염두에 둘 필요는 없다), 그것이 초보수주의자들에게는 오만하고 불복종하는 현대의 소돔적 인간들에게 가해진 신의 저주처럼 보였을 것이다. 새로운 바빌론이나 새로운 소돔에 직면하여 근본주의자들은 미쳐 가는 세상에서 그들에게 유일한 항상 요소이고, 그들이 문자 그대로 붙들어야 할 유일한 정박소로 보이는 신의 말씀에 더욱 집착한다. 세상이 미쳐 가면 미쳐 갈수록 그들은 더욱 완강하게 그 말씀을 붙들고, 더욱 원칙주의적 종교의 망을 꽉 조이려 한다. 세계가 우상숭배적이 되면 될수록 그들은 더욱더 여성의 사회적 종속, 동성애에 대한 비난, 낙태와 같은 가시적이고 시금석이 되는 논쟁점들에서 그들에 동의하지 않는 사람들을 공동체에서 파문하려 안간힘을 쓴다. 세상이 퇴폐적이 될수록 신의 집에 남는 거룩한 잔여자들은 더욱더 자신의 순수함을 유지해야 한다. 분명 이들은 사회 정의나 빈자를 위한 열정이 아니라 성적 욕망을 마음에 품는 사람들이다. 그들이 심취하는 도덕률은 사회적인 것이 아니라 성적인 것이다. 그들은 이민자, 사회 내의 극빈자나 취약층, 또는 선거 비용상의 개혁에 대한 열정으로 불타지 않는다. (왜냐하면 이들이야말로 정치가들을 매수하기 위해 가장 큰 비용을 지출하는 사람들에 속하기 때문이다.) 그들은 에이즈의 희생자들을 예수가 구애 없이 함께했고, 때로 치유해 주었던 새로운 문둥병자로서가 아니라 성서적 심판의 대상으로서 간주한다.

정치 지향적 지도자들의 자극을 받은 근본주의자들이 모습을 공개적으로 드러내고, 미국 정치뿐 아니라 전세계의 정치를 변화시켰다. 미국에서 근본주의는 전통적으로 가톨릭에 적대적이었던 프로테스탄트적 현상이었다. 가톨릭 신도들은 《신약성서》의 의미는 그것의 역사이자 전통이었던 반면, 근본주의자들은 가톨릭이 비복음적 우상을 만들어 낸 역사라고 생각한다. 하지만 지난 20년간 우리는 가톨릭 내의 보수주의적 흐름, 그리고 두 종교 단체의 전례 없는 그렇지만 불편한 연합——이 연합으로 첫 세대의 배리 골드워터 보수주의자들이 1960년대에는 감히 꿈꾸지 못했던 정치적 성공을 거둔 공고한 정치적 우익 진영이 선보였다——을 목도하였다. 보수주의·세속주의·페미니즘 및 동성애적 혁명이 지난 15년간에 이룬 문화적 진전은 매우 권위주의적인 교황 요한네스 파울루스 2세가 힘을 얻게 한 원동력으로 작용하였다. 세계에서 가장 강력한 종교 인물이 된 그는 '악의 제국' 인 동유럽 공산주의와 서사시적 전투를 벌였고, 폴란드로부터 다른 소비에트 블록에 이르기까지 버섯구름처럼 퍼져 있던 공산주의를 전복하는 데 그 누구보다도 큰 기여를 하였다. 공산주의를 상대로 한 이같은 역사적 승리에 고무된 그는 남아메리카의 자유신학자들로 하여금 교회에서의 동성애자의 권리 인정에 절대적으로 반대하게 하고, 사제의 결혼과 여성의 성직 서임을 금지하도록 하는 철권을 행사할 수 있었다. 그는 사회적 논쟁점들 면에서는 진보적이었지만——그는 사형 제도와 서구의 물질주의를 반대하며, 최근에 통곡의 벽에서 그리스도교도의 반셈족주의에 대해 용서를 빌며 기도하였다——교회에서, 특히 성 문제와 여성 문제에 대한 그의 정책은 극히 반동적이었다. 그런 이유로 20세기 전반기에 민주당에 참여했던 빈곤한 유럽 이민자들의 손자들로서, 번창한 미국의 로마가톨릭교도들이 낙태 반대라는 공통의 기치하에 사회적 보수주의자들 및 근본주의자들과 예견치 않은 연합을 이루었다. 그들은 함께 로널드 레이건을 대통령으로 선출했고, 미국 정치에서 보수적이고 반동적인 시기를 선도하였는데, 이 기간에 신의 가여운 극빈자들은 더욱 내팽개친 반면 최부유층은 유례없는 번영을 구가하였다.

중동에서 위기는 더욱 고조되었고, 결과적으로 전 문화가 위태하게 되었기에 과격성이 더욱 심화되었다. 이란의 샤(Shah) 체제의 전복, 그리고 미국의 적대시(반공주의자인 샤를 세우기 위해 민주적으로 선출된 정부의 전복을 도운 거대한 사탄)와 함께 시작된 이슬람 혁명의 물결은 즉각적으로 정치적이고 종교적이며 문화적인 혁명을 상징한다. 이슬람 근본주의자들은 서구의 기술과 통신 체제에 의해 가차없이 침투받은 세계, 영어가 공통의 언어가 되어가고, 세계가 미국을 주축으로 '세계 시장화' 되어가는 세계에 살고 있다. 서구의 의상·음악·영화·텔레비전·음식과 생활 양식은 어느곳에서나 볼 수 있으며, 더욱더 불가피한 흐름으로 자리한 인터넷의 도래와 더불어 아랍적이고 이슬람적이며 비서방적인 모든 것이 휩쓸려 갈 위험에 처해졌다. 부가적으로 이슬람 국가들은 그들과 도저히 경쟁 상대가 안 되는 서방의 군수품으로 중무장한 이스라엘과 마주하게 되었다. 이토록 많은 위험에 직면한 상황이기에 이슬람의 대응은 신속하고 심각하며 유혈적이지 않을 수 없었다. 그것은 수족 절단(도둑의 손 자르기, 강간범의 거세), 돌로 쳐죽이기, 독신죄 혐의를 받은 살만 루시디에 대한 국제적 지명 수배와 사형 언도 및 여성 권리의 심각한 제약으로 특징지어진다. 정화에 대한 내부적 필요가 커지면 커질수록 폭력은 유혈적이 되어간다. (이란에서 2000년의 선거 결과는 이란인들이 이슬람 율법학자의 지배에 인내심을 상실해 가고 있음을 보여 주지만, 성공을 이루려면 변화가 점진적으로 진행되어야 할 것이다.) 이슬람의 과격성은 다른 측면에서는 본거지를 위한 투쟁에서 더 이상 도덕적 우위성을 주장할 자격이 없는 이스라엘인들이 팔레스타인들에게 부과한 말로 형용하기 어려울 정도의 혹독한 생활에도 기인한다. 팔레스타인인들은 계속해서 이스라엘 정부에 주요한 투표 영향력을 행사해 온 이스라엘의 초보수적인 종교에 의해 가해진 무자비한 억압에 대항하여 정의로운 모멸감을 갖고 분기하였다.

근본주의란 어느 정도로는 종교가 원래부터 번성했던 안정된 공동체들과 고대적 전통들을 파괴하려고 위협하는 문화적 다원주의뿐 아니라, 하이테크한 세계에 대한 반발 작용이라고 볼 수 있다. 하지만 이런 식의 규정은 지나치게 단순하다. 왜냐하면 그리스도교 · 이슬람교 · 유대교 등 다양한 진영의 근본주의자들이 단순히 진전된 포스트산업적 자본주의의 하이테크한 세계에 대항하여 반응하고 자신들 안으로 철수한 것은 아니기 때문이다. 즉 근본주의는 또한 이 세계를 포용하였고, 결과적으로 폭로할 수밖에 없는 불안정한 공감적 반감을 야기하였다. 자신들의 신앙에 현저히 이질적인 것으로 보이는 세계로부터 철수하는 대신에, 근본주의는 공적 특히 정치적 영향 면에서 막강한 진영과 연합을 맺었다. 근본주의는 발전된 통신 체제를 자신의 몸체 안으로 이식하였고, 데리다가 주장한 대로 그러한 이식을 수용하기 위해 자신의 생래적인 자동 면역 체계를 억압하였다. 교황은 미국의 정치 선거 담당자에게 자신의 이미지를 조장하는 방법을 훈시할 수 있는 제트 시대 언론 매체의 거장이다. 프로테스탄트적 '원격 복음주의자들'은 지구를 도는 위성들에 신호를 보내 자신의 말을 지구상에 설교하고자 하는데, 이런 식의 자기 주장은 6일 만에 세상이 창조되었다고 보는 견해와 동일하다. 이슬람 테러리스트들은 비행기 공중 납치가 전세계로 방송될 수 있도록 하기 위해 CNN이 카메라 각도를 적절히 이용하였다고 확신한다. 근본주의자들은 탄소에 의한 연대 설정이 계략이고, 지구가 6천 년 전에 만들어졌으며(자유주의자들은 그것이 8만 년 전까지 거슬러 올라간다는 관점을 당연시 여긴다), 우리 모두는 아담과 이브로부터 기원하였고, 애초 언어의 다양함은 바벨탑에서 유래하였으며, 종교를 정면으로 반박하는 정치 후보들은 샤의 대리인이라는 말을 유포시키기 위한 돈을 마련하고자 광고 매체의 최신 기법을 사용한다.

근본주의자들은 그리스도교의 웹사이트를 설정하고 텔레비전 목회를 통해 페미니스트들을 비난하며, 라디오 기지국을 세워 페미니스트·동성애자·학술권·뉴욕 시——그들의 편협한 외국인 혐오 세계에 부적합한 대상은 그 무엇이나——를 통렬히 비판하는 전화 토크쇼를 각색한다. 하지만 이 세상의 권세와 맺는 이런 식의 동맹은 근본주의 특유의 폭력성이 될 일종의 자동 면역적 반응을 초래한다. 미국에서 낙태 시술소들이 폭파되고 내과 의사들이 신의 이름으로 그리고 태아를 구한다는 명목으로 살해당하는 한편, 북아일랜드와 중동에서는 테러리스트들이 신의 이름으로 만행을 저지른다. 생명권의 이름으로 살인하고 불구로 만들며, 신의 사랑이라는 이름으로 살해하는 모순성은 근본주의자들과 과격한 종교적 우파가 오늘도 체포되어 그것의 과학적 · 문화적 기본 전제를 그들이 거부했던 세계의 자원에 의존하지 않을 수 없는 모순성을 상징한다. 그들은 독이 든 나무의 과실로부터 자양분을 섭취하지 않을 수 없다.

참으로 불가능한 상황이다. 근본주의는 미쳐 가는 신에 대한 열정이요, 신의 이름을 테러의 이름으로 전도하는 방식이다. 근본주의자들의 종교와 부합되는 것처럼 보이는 극단주의는 억압받은 것의 복귀, 정신분석학적으로 말하자면 신의 무한한 사랑의 축소, "사랑하는 **자마다** 하나님께로 나서 하나님을 안다"(〈요한일서〉, 4:7), 그리고 자신의 편협한 문화의 제약에 대한 반응이라고 나는 생각한다. 근본주의는 우연의 천으로부터 짠 것을 우상시하고, 시간 속에서 만들어진 것에 탈역사적 정당성을 부여하기 위해 신의 사랑을 일단의 결정주의적인 믿음과 실천 덕목으로 축소하려는 시도——아론과 황금 송아지의 또 다른 예이고, 뗏목을 대양과 혼동하는 또 하나의 사례——이다. 그것은 종교적 신경의 실패, 신의 사랑이 무한하고 산정 불가능할 정도로 다양한 형태를 취한다는 사실을 인식하지 못한 데서 비롯된 실패를 나타내 준다. 근본주의는 공개적으로 닫힌 질문인 "내가 나의 신을 사랑할 때 나는 무엇을 사랑하는가 하는 문제를 고정된 대답으로 마감하고, 문자 그대로의 공식으로 신을 향한 열정을 함정에 빠뜨리며, 그것이 무한한 심연을 향해 열고 나가도록 허용하는 대신에 신앙의 발을 굽게 만들려는 시도이다. 근본주의는 심연을 안에서 억압하려는 시도이고, 그것에 수반되는 경향이 있는 과격주의와 폭력성은 이러한 억압의 징후적인 표현이다. 이러한 심연을 인지하고, 우리 모두가 함께 이 안에 있음을 인식하는 것이 보다 건전하고 상처를 덜어 준다.

　왜냐하면 우리는 신을 사랑할 때 우리가 무엇을 사랑하는지 알지 못하기 때문이다.

V

종교—종교 없는—에 대하여

이 마지막 장에서 나는 나의 논제를 서두에 드러내고 싶다. 인간의 경험은 불가능한 것에 의해, 그리고 그것을 통해 경험으로서의 활력을 지니게 된다고 주장하려 한다. 경험은 우리가 가능한 것의 한계, 불가능한 것의 끝자락으로 몰릴 때, 우리로 하여금 최선을 다하도록 강제하는 극한으로 내몰릴 때에만 실제로 일어나고 쓸 거리가 되는 무엇을 경험하는 일이다. 이제 불가능한 것에 대한 이러한 경험이 또한 종교를 규정하는 자질 그 자체라고 보기 때문에, 나는 당신이 제도적 신앙 중 어느 하나를 추종하건 안하건, 당신이 주교나 랍비의 축복을 받건 안 받건, 당신이 전통적인 종교의 '신'을 믿건 그렇지 않건, 그리고 당신이 여러 유신론을 반대하는 '무신론자'이건 아니건 간에 근본적으로 인간 경험에 고유한 종교적 자질이라고 주장한다. 종교와 더불어 있건 아니건 간에 우리 모두의 안에는 심오하게 종교적인 요소가 있으며, 그래서 종교에 관한 나의 이 소책자 또한 인간이 되는 것에 관한 에세이이다. 이것이 내가 철학자인 자크 데리다로부터 차용한 '종교 없는 종교' 이야기를 윤택나게 하는 방식이며, 나는 이 연구를 결론짓고자 하는 대목의 서두에서 이 사고를 옹호함으로써 논지를 전개하려 한다.

종교적 진리 / 진정한 종교

나는 본인의 소책자 《종교(종교 없는)에 대하여》의 중핵인 '종교적 진리'에 관한 또 하나의 생각을 개진하려 한다. 이 생각은 원리주의·근본주의를 뛰어넘으려는 포괄적인 의도를 담고 있으며, 한편 계몽주의의 종교 비판을 단순히 반복하지 않는 공공연한 미신은 내가 논증한 대로 널리 불신받았다. 왜냐하면 종교 없는 종교는 그것이 '유일하게 진실된 종교'(당신들의 것은 안 되고, 오로지 나의 것만이 항시 옳다고 주장하는)라는 의미의 '진정한 종교'와 뚜렷이 구분되어야 하는 '종교적 진리'를 전적으로 떠맡을 것을 요구하기 때문이다. 복수의 여러 종교가 특유의 윤리적 실천 사항과 종교적 담화를 담고 신을 사랑하는 많은 다양한 방식을 표상하는 점에서 다른 종교와 상이하게 독특하고 환원 불가능한 측면이 있지만, 반드시 '진리'의 **배타적** 소유권을 주장하지만은 **않는다.** 《고백록》에서 아우구스티누스는 성경이 진실된 한에 있어서 많은 다양한 의미를 지닐 수 있다고 말한 바 있다. 나는 이 점이 종교에 관해서도 마찬가지라고 말하고자 한다. 우리는 그것들이 진실되는 한 많은 종교와 많은 '신성한 성경'을 가져도 되고, 또 그럴 필요가 있다.

어떤 종교들은 마치 여러 종교가 종교적 진리에 대한 **제로** 섬 게임에 참여하기라도 한 것처럼, 자신의 종교가 '유일하게 진실된 종교'이며 다른 종교들은 그렇지 못하다는 생각 없이도 사람들을 감화시켜 준다. 각 종교는 '진정한 종교'라는 생각을 접어놓고, 모든 다른 사람의 종교와 종교의 결여에 관한 '부정적 광고'를 중지하며, 종교가 과학적 가설과도 같은 것이기라도 한 것처럼——이는 위대한 '과학자'들의 오류이다——자신의 특정 믿음 체계가 가장 적합하다고 주장하는 습관을 박차고 나올 필요가 있다. 과학 이론과는 달리, 지상(또는 천상)에서 많은 상이한 종교적 담화들 **모두가** 진실될 수는 없다고 볼 이유는 없다. 그런 의미에서 '유일하게 진정한 종교'라는 표현은 '유일하게 진정한 언어' '유일하게 진정한 시' '유일하게 진정한 이야기' 또는 '유일하게 진정한 문화' 이상의 의미를 지니지 못한다. 과학이 배타적인 진리의 보고라는 모더니스트적 사고를 거부하면서 우리는 근대성——**포스트모던**이라는 표현은 근대성으로부터 무언가를 경험하고 배우는 것을 의미한다——으로부터 무언가를, 즉 종교적 진리는 과학적 진리와는 상이한 종류의 진리와 더불어 진실되다는 것을 배웠어야만 했다. 종교적 진리는 진정으로 종교적인 것, 진정으로 하나님을 사랑하는 것, 신령으로 하나님을 사랑하는 것(《요한복음》, 4:24)과 결합되어 있으며, 전통적 신앙들을 섬기던 신실한 자들이 꿈꾸어 왔던 것 이상의 것을 행할 여러 방법들이 있다. 진실된 영혼으로 신을 사랑하는 일은, 모든 사실을 포괄하고 모든 대안적 설명들을 그릇된 것으로 처리하는 올바른 과학 이론을 갖는 것과는 같지 않다.

신실한 자는 인식론적인 엄격한 방식으로 그들이 **믿는** 것을 인지하듯이 **아는** 것은 아니라는 점을 인정할 필요가 있다. 신앙이 신자들에게 사물을 바라보는 방식을 제공해 주는 한편, 그들이 신앙에 의해 모순되는 관점들을 해소하는 차원에 이르는 것은 아니다. 그들은 다른 사람들이 결여한 어떤 인지적 특권이나 인식론적 이점을 향유하지는 않으며, 그들의 믿음은 자신의 공동체 외부에서는 특별한 대우를 받을 권리를 부여받지 못한다. (나는 공동체 생활을 둘러싼 모든 긴장에도 불구하고 그들로 하여금 이것을 유지하고 증진하도록 장려한다.) 분명히 종교 없는 종교가 종교적 진리 없이 유지되어 나갈 수는 없다. 참으로 종교에 관해서 심오한 진리가 있지만, 그것은 **지식 없는 진리**——그것에 의해 나는 절대적이거나 대문자화해야 할 '지식'이 없는 진리를 의미한다——다른 사람들에게는 결여된 인지적·인식론적·명제적 정보를 특권적으로 향유한다고 주장하지 않는 진리이다. "지식이 있는 줄을 아나 지식은 교만하게 하며, 사랑은 덕을 세우나니, 만일 누구든지 무엇을 아는 줄로 생각하면 아직도 마땅히 알 것을 알지 못하는 것이요"(〈고린도전서〉, 8:1-2)라고 바울은 말한 바 있다. 사랑은 지식을 담고 있지만 지식은 그것이 알지 못하는 것을 인정할 때 최상의 상태가 되며, 반면 사랑하는 것은 사랑하지 않는 것에 대해 결코 자랑할 수 없다. 각 신앙은 분명 많은 것 중에서 하나 이상의 것을 보고 아는 방식인데, 왜냐하면 참으로 모든 진정한 지식은 '신앙으로써' 아는 것이고 모든 지식은 신앙에 의존하며, 모든 신앙은 보고 추론하며 아는 방식이기 때문이다. 하지만 신앙은 자신의 조망을 절대화하거나 대문자 형태로 스스로를 치켜세우고, 나머지를 그에 종속시키는 수단을 결여하고 있다. 신자들은 그들의 신앙이 신의 사랑에 접하는 역사적 형태이고, 그들이 사물을 인식하는 재능을 부여받은 역사적 방식이며, 그것이 소설이 '사실'이 아닌 '허구'로서 분류되고는 있을지라도 심오하게 '진실일' 수 있는 것과 동일한 방식으로 '진실하다'는 것을 인정할 필요가 있다. 신을 알고 사랑하는 방식은 **많다.** "사랑하는 자들아, 우리가 서로 사랑하자. 사랑은 하나님께 속한 것이니, 사랑하는 자마다 하나님께로 나서 하나님을 알고"(〈요한일서〉, 4:7) 그 방법은 너무 많아서 담을 수도 헤아릴 수도 없다. 결과적으로 여러 종교 공동체들은 '환대'가 그들의 언어·상징·정식화가 갖는 역사적 우연성, 그들의 신앙이 특정 장소·시기·전통 면에서 처한 우연성에 대한 그들의 감각을 예민하게 할 것을 그들에게 요구한다는 사실을 기억할 필요가 있다. 신자들은 '다른 사람들'――이스라엘의 복음, '알라' '예수의 이름' 또는 흔적을 추적하기가 불가능한 언어들에서 나타나는 망각된 신의 이름들――이 그들의 '고백적 신앙,' 그들이 인정한 일단의 종교적 신조들을 공유하지 못하고 또 그럴 것으로 **기대될 수 없음**을 스스로 상기할 필요가 있다. 그것은 한 종교의 신자들이 다른 한 종교의 승인된 종교 체계를 공유할 가능성이 없는 것과 마찬가지이다. 종교적 진리, 신의 사랑은 승인된 신조들과 아무런 상관이 없다.

종교 없는 종교라는 사고는 우리가 중세적인 진정한 종교성으로 복귀할 것을 추천하는 것에 해당한다. 당시에 '종교'는 내슈빌이나 바티칸에 제도적 사령부를 둔 기구가 아니라 미덕을 의미하였고, 결과적으로 '진정한 종교'는 유일하게 진실된 종교나 우리의 종교 대 너희들 종교 간의 대결이 아니라 진정으로 그리고 진실되게 종교적이 되고 신을 사랑하는 것을 의미하였다. 대양이 뗏목――인간 존재를 드러내는 표식에 불과한――보다 중요한 것처럼 신이 종교보다 중요하였다. 인간의 관행이 된 종교는 구축적인 신의 관점에서 볼 때는 항시 해체적이었다. 우리는 신자들이 머릿속에 '우리'――유대인이건 그리스도교도이건, 힌두교도이건 이슬람교도이건 그 누구이건간에――가 다른 사람들에게는 거부된 방식으로 신에 접근하는 특권을 부여받았다거나, 신이 다른 사람들에게는 느끼도록 할 수 없는 특별한 방식으로 신의 사랑을 받는다는 생각, 또는 신이 다른 사람들에게는 부여하지 않은 어떤 이점을 우리가 부여받았다는 생각을 가질 때 생겨나는 극단주의와 광기로부터 우리 자신을 자유롭게 할 필요가 있다. '우리' ——이것은 바로 우리가 '우리'에 의해 의미한 것에 관한 것이다——는 결코 신이 특권적인 방식으로 다른 누군가에게 스스로를 계시하고 그를 사랑한다고는, 그리고 우리가 신과 그의 사랑받는 자 간의 이러한 밀접한 관계에 제삼자로 있는 까닭에 외부로부터 안을 들여다보고, 우리의 코가 그들의 종교 유리벽에 세게 눌리는 식으로 제2의 차선책을 강구해야 할 것으로는 상상하지 않는다는 점을 주목하라. 우리는 신이 누군가를 선호하고 이집트인이 아닌 유대인을, 모슬렘이 아닌 그리스도교도를 선택하여 호의를 베풀었으며, 일반적으로 신이 다른 사람들이 아닌 '우리'에게, 그리고 토라〔유대교의 율법〕를 고수하는 나머지 유대인들이 아니라 다마스쿠스로 향하던 바울에게 스스로를 계시했다거나, 신이 '자신의' 작업을 행하기 위해 여자보자 남자를, 흑인보다 백인을, 아시아인보다 서유럽인을 선호했으며, 이러저러한 면에서 나머지를 배제한 채 특정 시대의 특정 언어를 통해 특정의 개인이나 국가, 인종이나 성——또는 행성이나 은하계——에 특권을 부여했다고 상상하는 위험한 행보를 삼갈 필요가 있다.

　어떤 사람이 자신의 손을 펼치고 경건하게 하늘을 바라보며, 우리가 황소의 뿔을 잡고 특정 시간, 특정 장소에서 특정의 언어로 오직 한 민족에게 내려진 신의 특별한 계시가 위대한 신적 신비의 일부이고, 신의 방식은 우리의 방식이 아니라는 사실에 대면하도록 우리에게 말하는 것이 항시 가능하다. 사실 여러분도 그것에 내기를 걸 수 있다. **그것이 실례라고?** 그것과 관련해서는 신적이고 신비로운 게 전혀 없다.(비록 아무리 많은 황소가 있다 하더라도) 그것은 신의 방식이 아닌 우리의 방식, 너무나도 인간적인 자민족 중심주의 · 자기 중심주의 · 민족주의와 나르시시즘 · 섹스주의 · 인종차별주의 · 자기애, 즉 '위대한 신적 속성'을 결여한 커다란 인간적 약점으로서 전적으로 비신비적이고 인간적인 속성으로 보인다. 일부 민족에 특유한 **심줄**이라고? 전능한 신이 특정 시대, 특정 장소에서 특정 언어로 특정 민족에게 배타적으로 계시했다는 배타주의적 주장은 종교가 신——그의 이름은 전쟁이 아닌 사랑이라고 여겨져 온——의 이름으로 범하는 무수한 폭력의 근원이다. 신이 계시되는 방식은 너무도 많아 《종교에 대하여》라는 소책자 안에 포괄될 수 없고, 우리의 역사적이고 문화적인 상상의 한계 내에는 포괄될 수 없으며, 진정한 종교를 향한 길이 너무도 많아 그 수를 헤아릴 수 없는 지경이다. 진실한 종교, 진정한 종교성은 신을 사랑함을 의미한다. 즉 목숨을 걸 위험과 불안정함을 의미한다. 그것은 특정 종교에 의해 만들어진 특권적인 신의 계시 주장으로 인해 함정에 빠지지 **않고** 가장 위험한 이웃의 최악의 거리에서 과부 · 고아 · 이방인에게 봉사하는 것을 의미한다. "하나님은 사랑이시라, 사랑 안에 거하는 자는 하나님 안에 거하고 하나님도 그 안에 거하시느니라."(《요한일서》, 4:16)

어느 누구, 어느 장소, 어느 때나 기간에 상관없다.

종교적 진리는 과학적 전제의 진리가 아니다. 즉 우리의 인지

능력을 가다듬거나 외부 세계의 것에 상응하는 우리 내부의 인
지 내용을 얻는 데서 비롯되는 그런 종류의 진리가 아니다. 그래
서 만약 우리가 'S는 p'라고 말하면, 그것은 우리가 우리의 전제
와 똑같아 보이는 Sp를 뽑는 것을 의미한다. 종교적 진리는 비록
우리가 우리의 힘을 초월하도록 요청받고 불가능한 것을 행하도
록 요청받는다 하더라도, 그리고 바로 그러할 때 상이한 질서, 아
우구스티누스가 '진리를 만들거나 행하는 것(facere veritatem)'으
로 부른 것의 질서나 영역에 속한다. 비록 우리가 불안정하게 되
고, 믿음·소망·사랑으로 무릎을 꿇고 미친 자처럼 기도하며 흐
느끼게 된다 할지라도, 그리고 바로 그러할 때 이 영역에 속하게
된다. "어느 때나 하나님을 본 사람이 없으되"(《요한일서》, 4:12)
즉 그것이 신에게 다가올 때 아무도 이를 눈치채지 못한다. 그래
서 만약 우리가 '신은 사랑'이라고 말한다면 그것은 우리가 자
리를 박차고 나아가 무언가를 행하며, "달이 지구의 한 행성이
다"라고 말할 때처럼 우리가 자연에 대고 무언가를 못박는 것이
아니라 우리의 자매와 형제들 사이에서 그 진리가 **일어나기**를
기대하는 것을 의미한다. 우리는 신의 이름은 행위의 이름이기
때문에 행위를 의미하는 영성과 진리 안에서 "신은 사랑이다"
——이 에프가 '천국에 이르는 유일한 길'이라고 말했을 때의
회중의 온 생기를 담고서, 그리고 아침 기도시 겟세마네의 수도
사들의 장엄한 엄숙함을 담고서——라고 말하고 기도하며 노래
하고 춤추며 소리지르고 읊조려야 한다. 우리는 무언가가 **행해
지도록**, 그것이 더 잘 행해지도록, **불가능한** 무언가가 우리 안에
서 일어나도록 해야 한다. 논리주의자들(인지 능력과 명제를 만
드는 능력만을 일방적으로 키워 온 강퍅한 마음의 소유자들)이 제

기하는 반대에도 불구하고 '진리를 행하는 것'은 범주상의 실수가 아니다. 반대로 그것은 종교적 진리 자체이고 종교적 진리에 관하여 진실되고 정직한 것이며, 그런 이유로 우리가 '진리'에 비밀스런 접근을 이루었다고 주장하지 않는 편이 보다 진실될 수 있는 것이다. 종교적 진리는 '지식' 없는 진리이다. 종교적 진리는 생각이 아니라 행위이고, 위선이나 속임 없이 우리의 응답을 요구하며 비록 우리 자신이 누군지 알지 못할지라도 우리의 피와 눈물을 흘리게 할 가치가 있는 그 무엇이다. 오히려 이럴 때일수록 더욱 그러하다. 사랑이 없으면 소리나는 구리와 꽹과리가 될 뿐이다.(《고린도전서》, 13:1)——또는 여유로운 신학자들의 회의에서 도출된 결정의 일단의 목록에 불과하다.

　신학자들은 우리에게 신앙은 '확실한' 것이고, 그렇지 않으면 그것이 모호하게 될 것이며, 그리되면 무슨 소용이 있겠는가라고 말한다. '확실한' 이란 표현에 의해 그들은 투명한 것을 의미하지 않는데, 왜냐하면 신앙은 직접 대면하는 게 아니라 거울로 보는 것같이 희미하나 그때는 얼굴과 얼굴을 통해 볼 것(《고린도전서》, 13:12)이기 때문이다. 그들은 그것을 흔들리지 않도록 해 주는 의지에 의해 '안전하게' 유지되고, 심지어는 그것이 죽음과 순교에 이를 정도로까지 '검증될' 수 있음을——그것이 모호하지 않음을 결정적으로 보여 주는——의미한다. 하지만 검증이 여전히 신앙을 '지식'으로, '신을 아는 것'으로 전환시켜 주는 것은 아니다. 물론 그것이 **진실되게 행한다**는 의미에서 '진리'의 품격을 신앙에 부여하고, 그런 사실이 내가 옹호하고자 하는 어떤 종류의 '지식' 없는 사랑에 해당한다 하더라도 그러하다. 신앙을 갖는다는 것은 명제를 증명하는 것이 아니라 신의 사랑에 대고 검증하는 것(그리스어의 **martyreo**가 의미한 것도 바로 이것이다), 무언가 행위를 하여 정의가 물처럼 땅 위에 넘쳐흐르게 하는 것을 의미한다. 검증은 그것이 뿌리로 삼고 스스로를 정명화할 표현을 발견하는, 역사적으로 제한받고 문화적으로 위치지어진 문맥을 초월하여 신의 사랑을 추론하는 것도 아니다. 신의 사랑을 위해 기꺼이 죽으려 하는 것과 죽일 의지를 갖는 것 간에 결정적인 구분선을 긋고, 자신의 신앙을 공유하지 않은 모든 사람을 상대로 신자들로 하여금 신의 이름으로 전투에 임하도록 촉구하는 행위는 바로 종교적 진리와 '지식'을 이처럼 혼동하는 데서 비롯된다. 그것은 신앙의 챔피언으로서 불가능을 향한 세 가지 열정 중 사랑이 제일이라고(《고린도전서》, 13:13) 말한 바울과 동의하는 한 가지 이유이다. 왜냐하면 사랑은 어두운 유리창을 통해 다가오는 신앙이 우리를 도랑으로 몰고 가는 것을 막아주는 방법이기 때문이다.

사랑이 신앙보다 중요하기 때문에 신이 종교보다 더 중요하다. 종교는 신의 사랑을 명료히 하기 위해 인간 공동체들에 의해 각각의 특정 조건들 속에서 조직되고, 이 공동체들의 인간적 기원이 그것들의 틈새를 통해 계속해서 엿보이는 뗏목, 인간의 생산품, 역사적 구조물이다. 신자는 그들의 종교가 '신에 의해 제도화되었고' 다양한 종교적 생활 형태들이 우리를 휩싸는 것, 불가능한 것, 우리를 극한으로 몰고 가며 우리가 대응하는 전적으로 다른 어떤 것에 **반응해서** 일어난다는 의미에서 진정으로 신실한 믿음에 대해 끊임없이 자축한다. 하지만 인간은 그러한 대응의 구체적 세목 모두에 대해, 그리고 명확하고 확고한 방식으로 그것들을 휩쓸어가 버린 **바로 그것을** 정식화해 주는 어휘들,

신학들, 모든 제도적 구조물들에 대해 책임이 있다. 이것들은 각 종교의 역사를 면밀히 살펴보면 고통스러울 정도로 상세히 드러나 있는 것처럼 그 모두가 손쉽게 해체 가능하다. 신자들은 자신의 종교가 하늘에서 떨어졌다고 믿는데, 이들이 종교 전통의 인간적 형성사에서 드러나는 냉혹하고 무자비한 요소들에 관심을 기울이는 경우는 드물다. 말하자면 내가 하늘에서 떨어졌다고 믿는 유일한 것은 신의 사랑이며, 나는 이 사랑이 "내가 나의 신을 사랑할 때 나는 무엇을 사랑하는가?"라는 질문의 형태로 하늘에서 하강한 것이라고 설파해 왔다. 그래서 하늘에서 하강한 것은 내가 나의 적을 분쇄할 수 있도록 해주는 응답이 아니라 내 스스로 자문하는 질문이다. 신은 응답이 아니라 질문이며, 우리가 받아들일 수 있는 가장 급진적인 사고이다. 그것은 우리가 가지고 있다고 생각하는 모든 대답들이 의문투성이임을 보여주고, 뗏목의 연약함과 다양한 종교들이 자기 일의 디딤돌로 삼는 확고한 구조물들의 개변성을 드러내 주며, 그들로 하여금 거듭해서 "내가 나의 신을 사랑할 때 나는 무엇을 사랑하는가?"라고 자문하도록 강요한다.

비극적인 생활감

우리의 신앙이 아무리 확고하다 하더라도 신앙은 또한 의외로 깨지기 쉽다. 신앙의 연약성은 부분적으로 여러 신앙들의 신조가 갖는 복수성, 종교적 전통들의 복수성의 기능에서 비롯되는데, 그것들 각각은 자체의 통합적이고 환원 불가능한 형태의 생활을 대변하며 또 그것들 각각은 '지식' 없이도 진실한데, 그런 이유로 나는 종교 없는 종교에 대해 이야기한다. 하지만 그것은 이야기의 일부분에 불과하다. 왜냐하면 역사적 구체성들과 그것이 취하는 형태들의 문화적 우연성을 넘어서면 신의 사랑이 내적으로는 보다 억압적이고 사랑스럽지 못하며, 심지어는 냉혹한 것에 의해 방해받을 것이기 때문인데, 나는 여기서 이런 생활 느낌을 조금 강조하여 '비극적인 생활감'으로 부르고자 한다. 신의 사랑은 수많은 밤을 잠 못 이루게 하는 유령에 사로잡힌다. 만약 스쿠루지가 그를 혼미하게 만드는 세 유령에 의해 방해받아 잠을 설쳤다면, 그가 나에 비해 누리는 이점은 그가 적어도 그를 혼미스럽게 한 유령들의 이름을 알고 있다는 사실이다. 그는 아마도 이를 알고 있었기에 결국에는 모든 것이 잘 풀리고, 또한 잠 못 이룬 하룻밤 안에 그것을 극복할 수 있었다. 하지만 나의 문제는 내가 '익명의' 혼, 그의 이름이 '이름 없는' '아무도 아닌' '여기 있는 우리를 아무도 알지 못하는' 유령에 의해, 그리고 밤마다 나를 방문하는 냉혹한 유령에 의해 영구적으로 사로잡혀 있다는 것이다. 왜냐하면 신의 이름, 신의 사랑은 항시 익명의 냉혹한 힘을 상대로 하여 발생하기 때문이며, 그런 이유로 나는 항시 "내가 나의 신을 사랑할 때 나는 무엇을 사랑하는가?"라고 묻는다.

종교를 바라보는 한 가지 길은 이 질문을 "우리가 여기에 있는 것을 누가 알고 관심을 갖겠는가?"라는 물음으로 바꾸어 살펴보는 일이다. 시간과 우연성, 행운과 악운, 만족과 고통, 차오르는 기쁨과 악몽과도 같은 잔인성 내지 불행의 이 세계에서 어느 누구가 바라보고 있을까? 그 누가 눈치채거나 관심을 기울여

줄까? 시간과 운명의 움직이는 물결의 흐름 너머로 떠올라 그것에 모든 의미를 부여하는 것들 속에 무언가가 있을까? '천상'의 신은 모든 눈물을 헤아리고, 머리 안의 모든 머리칼을 세며, 우리 각자가 마음속에 품은 것을 알면서 우리를 위에서 내려다보고 있는가? 우리가 훔친 배 때문에 기도하고 읊조리는 《고백록》 속의 아우구스티누스처럼 미친 듯이 기대어 기도할 수 있는 누군가가 있을까? 또는 우리 마음의 비밀을 눈치채고 악에 대항하는 선(善)에 무게를 실어 주며, 모든 것을 전능하고 현명하게 선으로 돌려세우는 누군가가 있을까?

혹은 니체가 묵상한 대로 우리 인간이 스스로에 대해 자긍적인 말——'신의 사랑'과 같은——을 부여하면서 우주의 멀리 떨어진 구석에 위치한 작은 행성의 표면을 가로질러 종종걸음해 가는 수많은 작은 동물이지 않은가? 시간이 흐르면 자그마한 행성은 스팀이 고갈될 것이고, 그것의 태양 밑으로 가라앉아 재로 화할 것이며, 변변치 못한 동물들과 그들의 고귀한 말들이 사라질 것이라고 니체는 말한다. 그리고 그럴 경우 어떻게 될 것인가? 우주는 단순히 한번 숨을 내쉰 다음 아무런 유감없이, 그리고 우리에게 일말의 관심도 기울이지 않은 채 애초에 그랬던 것처럼 변함없이 움직여 나간다. 우리와 우리의 고귀한 말들은 흔적 없이 사라질 것인가? 그것이 우리의 이야기이고, 우리의 역사이며, 우리의 운명인가? 이같이 마비시키는 사고가 바로 내가 **비극적인** 느낌의 생활이라고 부르는 것이며, 그것이 내가 밤마다 바닥을 걷지 않을 수 없는 이유임을 여러분은 알 것이다.

우리가 여기에 있음을 어느 누가 알겠는가? 그 누가 관심 있는가? 우리는 우리 자신의 힘으로 서 있는가? 무정하고 무자비한 우주적 리듬 너머에는 사랑스럽고 친절하며 아름다운 것이 전혀 없는가? 니체의 충고를 따라 우리는 그토록 많은 질문을 던지지 않고서, 그리고 무언가를 더 찾지 않으면서 우리에게 할애된 찰나와 같은 시간을 사랑하기를 배워야만 하지 않는가? 우리는 삶을, 날카로운 끝을 부드럽게 하고 달콤하게 해줄 혼합물 없이 단순히 똑바로 받아들여야만 하는가? 우리는 삶의 선물을 가감 없이, 더하지도 덜하지도 않게 있는 그대로 '예'라고 말하며 취해서는 안 되는가? 있는 그대로의 삶에 '예'라고? 그렇다. 온갖 기쁨과 슬픔, 만족과 고통, 출생과 사망, 친절과 잔혹함을 하나의 줄에 연결하여 상호간 끊어질 수 없게 결합할 수 있다고? 그렇고말고. 그렇다고 차라투스트라는 말했다.

　내가 신의 사랑으로서 규정했던 **종교적** 생활감은 이처럼 얼굴 없는 모습을 띠며, 위의 비극적 느낌을 극복하도록 작용한다. 분명 어떤 설명에 따르면 비극적 관점은 이미 일종의 종교, 어쩌면 오히려 비극적으로부터 지어진 남근 숭배적 종교에 해당하는데, 여기서는 신의 사랑이 디오니소스 신의 비극적 운명에 '예'라고 말하는 형태, 냉혹한 운명을 사랑하는 무정한 사랑을 의미하는 필요 요소로서의 사랑(amor fati) 형태를 취한다. 그리되면 비극적인 것과 종교적인 것 간의 논쟁은 비극적인 종교와 비극적이지 않은 종교 간, **필요**의 종교와 **불가능한 것**의 종교 간, 즉 종교 내부적 논쟁으로 취급되어야 할 것이다. 그처럼 분류 작업을 행하는 일은 가능하겠지만, 나는 종국적으로 이런 작업이 물을 흐리게 하고 종교와 신의 사랑을 너무 느슨하게 취하여 그것 본유의 의미를 상실하게 할 것을 확신한다. 나는 신의 사랑을 내부로부터 방해받고 유령에 사로잡히는 이같은 무정한 익명성의 사랑과는 영원히 대비되고 구분되는 것으로 간주한다. 더욱이 나의 대담한 가설——우리가 최악의 것에 직면하고 상황을 지나치게 낙관적으로 보지 않는 데서 비롯되는 최선의 결과를 얻는다는——에서, 종교는 비극적인 관점에서 스스로를 격리하려는 **노력**을 포기해야 한다. 종교는 비극적 느낌을 구성 요소로 담고 있는데, 비극적 느낌이 종교를 침해하고 종교와 대립하는 모양새를 취한다는 면에서 그러하다. 왜냐하면 **비극적인** 요소는 종교성을 정직하게 유지시켜 주고, 스스로 경계하게 해주며, 내가 불평의 대상으로 삼았던 불가능한 사람들의 승리 도취감과 자기 폐쇄성을 막아 주고, 내가 여기서 '지식' 없는 진리로 부른 것에 보다 비판적으로 대할 수 있게 해주기 때문이다.

실수가 없도록 하자. 비극성에 최후의 말을 던지려는 게 아니다. 나는 신의 사랑에 관해 종교 진영에서 발표하는 길고도 그럴듯하게 포장한 논증을 청문한 후에 비극성은 마지막 순간에 따라옴을 말하려는 게 아니다. 또한 단순하면서 아이와도 같은 순진한 종교적 마음을 드러냄으로써 마지막 시점에서 반격의 일격을 가할 것이라고 말하려는 것도 아니다. 다만 종교는 우리의 어린 시절이고, 계몽주의적 각성은 우리를 성숙하게 하는 측면이 있기 때문에 우리 모두를 성장시키기 위해 조언을 하려는 것뿐이다. 나는 비극적 관점 또한 하나의 전망에 불과한 것이고, 이외에도 여러 관점이 있는 것이기 때문에 비극성이 실질적 진실이라고 말하지 않는다. 문제는 소금의 가치를 지닌 어느 유령과 마찬가지로 내가 그것을 사라지도록 만들 수 없다는 것이다. 그것은 밤낮을 가리지 않고 나를 괴롭힌다. 하지만 그것이 아무리 고통을 주는 것이라 하더라도, 그것이 조금은 낭만적인 구석과 늠

름함이 있어서 나의 마음을 여전히 사로잡는다. 어둠에 대고 저주를 퍼붓고, 음조에 맞춰 춤을 추며, 그것에 '예'라고 말하고, 우주 질서와 뺨을 비비며, 그것에 우리의 의지를 맞부딪치는 비극적 관점, 어떤 영웅적인 절망, 남성적인 강렬한 저항에는 심장을 통렬하게 **파고드는** 무언가가 있다. 삶은 잔인하지만 그것은 악행과는 무관하며, 우리는 못처럼 강인하기 때문에 삶을 사랑해 보라고 남성적 낭만주의는 말한다. 나를 죽이지 못하는 것은 나를 보다 강하고 행복하며, 건강하고 보다 승화되도록 만들어 준다고 니체도 읊조리지 않았던가? 그렇고말고. 그러나 그것이야말로 내가 모든 이런 것을 신의 사랑이라고 부르는 데 저항하는 이유이다. 그것은 오름가슴을 즐기는 것이나, 게임 후 '소년들'의 기고만장함과 별로 다를 바 없다.

하지만 무엇보다 나는 진리에 대한 나의 소금을 치는 비판에 근거해서 이러한 비극적 영웅들에게 최후의 비판의 말을 못박으려 하는 것은 아니다. 나는 이 관점을 성 아우구스티누스의 '진실을 행함(facere veritatem)'으로부터 취했는데, 여기서는 비극적 관점이 지속적일 수 없을 것이다. 비극적 관점에서는 자연적 재앙의 잔혹한 무관심과 인간 마음속의 악 모두가 동일하게 **무고하고**, 동일하게 비개인적이며, 미지의 자연력에서 비롯된 결과이다. 강풍과 격랑은 수천 명의 바닷가 집을 파괴하고, 그들의 생명을 앗아갔기 때문으로 유죄인가? 혹은 거리와 읍과 농장을 삼킨 홍수, 먹이를 얻으려 덮쳐대는 매 또는 새끼사슴을 덮친 사자가 그러한가? 아니면 감춰진 이데올로기의 이름으로 수백만의 무고한 생명을 '박멸한' 나치 처형자들이 그러한가? 또는 '순진무구한' 아이들을 병신으로 만들거나, 그들의 생명을 앗아가는 테러리스트들이 그러한가? 당신은 비극적인 남성 우월주의 논리로 우리를 붙잡고 있는 고리를 보는가? 만약 모든 것이 무죄라면, 죄 없는 아이들은 사적 이익과 탐욕 및 자기 확장을 위해 그들을 죽인 무고한 자연력에 대해서도 동일하게 주장할 특별한 권리가 없다. 취약한 젊은이들에게 발암물질을 팔아 이윤을 남기는 담배 회사와 탁한 공기 간에 도덕적 차이는 없다. 전체가 피로 얼룩진 모습은 살벌한 우주의 힘이 스스로를 작동시키는 방식 바로 그것이다. 당신은 행위자를 행위로부터, 세력들을 그것들이 작용하는 방식으로부터 분리할 수 없다. 당신은 어떤 세력은 보다 위대한 예술과 영속적인 제도를 만들어 내고, 이것들은 '보다 높거나' 보다 '강력한 세력'이며, 종족 학살에 참여한 자들은 '더 열등하고' '더 비열하다'라고 말할 수 있을지도 모르지만 그것은 사물을 바라보는 순수히 '미학적인' 방식이다. 그리고 이런 방식은 여기에 어느 누구도 달리 **행할** 수 있는 제안을 제시할 수 없는 만큼 치명적인지도 모른다——어떻게 **필요요소로서의 사랑**이 될 수 없겠는가? 왜냐하면 우리가 "비가 내린다(it rains)"고 말할 때 행위를 한 구분 가능한 '그것(it)'이 있다고 생각하는 것이 문법상의 허구에 불과한 것처럼, 우리는 있는 그대로의 우리이고 우리가 하는 것을 행하기 때문이다. 이같은 비극적인 구분선이 '진실되게 행하는 것(facere veritatem)'을 검증하는 데 실패하는 한편, **필요에 의해 사랑하는 자들**이 대체로 우익 정치와 관계를 긴밀히 하는 이유도 여기에 있다. 그들은 우리에게 약골이나 빈자를 키우지 말고 있는 그대로의 상황을 사랑하는 쇳덩이를 갖추어야 한다고 말하는 반면, **불가능성을 사랑하는** 종교적인 사람들은 상황을 변화시키려 노력하고 **진실되게**

행하면서 나쁜 이웃 속으로 들어가는 사람들이다. 왜냐하면 종교적인 생활감, 그리고 현재의 멍에는 필요에 의해 박히는 게 아니라 가능성, 불가능성의 가능성에 의해 열려 깨지기 때문이다.

종교와 세계와의 관계는 이같은 철면피성과 절망감에 직면하여 발생하며, 마르크스와 같은 철저한 종교 비판자들이 종교는 냉혹한 세계의 심장부라고 말한 이유도 여기에 있다. 위대한 종교적 상징과 인물들은 항시 고통의 형체로 나타나는데, 왜냐하면 신의 사랑은 항시 우리들 중의 가장 미약한 자들, 불필요하게 고통을 당한 자들에게 임하기 때문이다. 만약 누군가가 참으로 '신'으로부터 특권을 받았다면, 그것은 손실을 입은 것을 의미한다. 그 이유는 신에게는 마지막이 최초이기 때문이다. 신의 이름은 고통받는 자와 함께한 사람, 고통과 신성한 결연을 맺은 사람, 불의하거나 마땅하지 않은 고통에 **아니오**라고 말하는 사람들과 자리를 같이하는 존재의 이름이다. 결과적으로 유대인 역사의 기쑥점은 노예제로부터의 탈출이며, 그런 이유로 신의 이름은 이집트로부터 유대인들을 구출한 해방자의 이름이다. 그리스도교에서 중심적인 상징은 로마인들이 로마의 '평화' 시대에 위협을 가하기 위해 사용했던, 서서히 고통을 심화시키는 가학적인 처형 방식인 '십자가형'으로 오늘날이라면 아무리 엄격한 법정이라도 즉각 이를 잔혹하고 비인간적인 형벌로 여길 것이다. 십자가형은 그토록 많은 예술 작품들 속에 형상화되고, 금과 다이아몬드 보석으로 정묘하게 재생산되며, 이 십자가형으로 인해 혜택을 입고 살아가는 성직자들의 장식으로 치장되어, 키에르케고르가 말한 대로 우리는 그것이 교수대이고 죽음의 방이라는 점을 망각하고 있다. 그것의 복제품을 몸에 거는 행위는 우리의 목에서 모조 다이아몬드가 박힌 금 '전기 의자'가 흔들리는 것과 같다. 하지만 십자가의 의미는 신이 현자를 부끄럽게 하기 위해 우둔한 자들과의 결속을 선언하고, 권세를 지닌 사람들을 수치스럽게 하기 위해 천하게 출생한 하찮은 사람들(ta me onta)과의 결속을 확증하기를 선택한다고 바울이 말한 방식(《고린도전서》, 1:28)과 동일하게, 신이 법률적으로 말해 수치스러운 형벌을 당했던 무고한 사람, 유죄 평결받은 사람들과의 결속을 선언하고자 했음을 의미한다.

나는 비극적인 느낌의 생활과 종교적인 느낌의 생활 간에 급격하고 불가피한 변동이나 '논증 불가능성'에 대해 논의중이다. 무슨 일이 진행되고 있는지를 확인할 결정적 방법, 각각의 논점간에 조정할 방법, 상대의 논의를 일격에 허물어뜨릴 방법은 전혀 없다. 우리는 비극성 없는 종교를 발견할 수 없으며, 또한 당신이 이런 노력을 기울일 때에도 내가 앞에서 주장한 대로 비극성이 급작스럽게 제약받고 억압받으며 배제되었을 경우——우리가 억압받은 진영의 복귀에 의해 위협받는 경우가 그러한데, 이 경우 근본주의적 폭력성의 강력한 발휘를 어떻게 해석해야 할지 하는 문제가 대두된다——에 그리 행한다. 근본주의의 한구석에는 신앙은 단지 신앙일 뿐이고, 그러므로 어떠한 보장도 따르지 않을 위험을 감수해야 한다는 억압된 두려움이 잠재한다고 나는 믿는다. 종교적 생활감은 이러한 정체 불명성과 그것의 배경에 부딪치면서 성장한다. 익명성은 논파하기 어려운 것이다. 그것은 신앙에 선행하고 후행하며, 내내 신앙의 틈새를 파고든다. 그것은 최초이고 마지막이며 항상적이다.

아무리 많은 신앙들이 번창하고 있다 할지라도, 우리 모두는 나름의 견해는 있겠지만 우리가 누구인지 그리고 무슨 일이 진행중인지를 알지 못함을 '진정으로' 그리고 '심도 있게' 자인해야 한다. 우리가 그들에게 물을 때 그들이 할 말이 없지는 않겠지만, 신을 사랑할 때 그들이 무엇을 사랑하는지 진정으로 아는 사람은 아무도 없다. 그것은 참으로 신앙의 **조건**이며, 그들의 신앙이 '지식'이 아닌 신앙인 이유이고, 종교가 '지식' 없이도 진실이 될 수 있으며, 또한 종교가 종교 없는 것인 이유이다. 신앙은 익명의 정체 불명성과 마주한 신앙이다. 신앙은 항시 우주의 제 세력이 작용하는 냉담한 세계——폭력적인 사람과 체제의 냉혹한 심장에 대고 부딪치는 물결이 질서 정연한 우주 경제의 모든 부분이고, 우주적 밀물과 썰물을 비롯한 제 세력들이 난무하는 바탕이며, 여기서는 많은 무고한 양들이 우주적 연출이라는 제단 앞에 희생양으로 제공된다——의 이러한 망령으로부터 고통당하고 방해받는다. 신앙은 맹목적인 제 세력 너머로 우리를 끌어올리고, 모두가 제정신이 아닌 상황에서 정신을 가다듬는 신앙이다. 위대한 유일신교들에서 발견되는 신의 관념들 대목에서 이미 살펴본 대로 우리가 최악의 상황에 맞설 때 우리 곁, 다른 사람들 곁, 우리 중 가장 미약한 사람들 곁에 서는 **무엇**——부처의 본성을 모방한 듯한 《스타워즈》 속의 '기'처럼——내지 **누군가**가 있다. 신앙은 어떤 것은 그릇되고 악하다고 말할 수 있는 신앙이다. 신앙은 자행된 악의 기억이고, 원상 복구될 수 없는 고통의 위험한 기억이며, 모습을 달리할 미래의 희망이다.

포스트모던 시대의 믿음

나는 종교는 신의 사랑이라는 나의 출발점으로 되돌아오는 데까지 느리게 작업을 진행해 왔다. 나의 종교적 핵심인 "신은 사랑이다"라는 명제는 양쪽 길을 막는다. 그것은 아우구스티누스가 의미한 것, 즉 우리가 무언가를 사랑할 때 아무리 모호하더라도 우리가 사랑하는 것은 **진정으로 신**이라는 것을 뜻한다. 또는 그것이 프랑스의 페미니스트 철학자인 뤼스 이리가라이가 의미한 것, 즉 사랑은 사랑하는 자들을 서로의 팔 안으로 품어 우리로 하여금 상호간에 포용하고 섞이도록 해주는 신성한 힘임을 의미할 수도 있다. 그렇다면 신의 이름은 우리가 사랑을 지칭할 때 갖는 이름들 중 하나이고, 아마도 '동료 중 첫번째(primum inter pares)' 처럼 가장 오래되고 가장 칭송받는 이름들 중 하나이며, 여전히 지금도 그러한 많은 이름들 중 하나임과 동시에 우리가 '신'은 **사랑**이라는 말에 의해 **진정**으로 의미하는 것이다. 여기에는 '신'과 '사랑'의 두 개념간의 통용성과 대체성을 멈추게 할 만한 능력 내지 논증 가능성이 없다. 신의 사랑, 또는 사랑의 신인가? 양자 중 어느것을 어느것으로 대체하고 통용 가능한지 우리가 어떻게 구분할 수 있겠는가? 우리는 어떻게 이러한 변동성을 알아내고, 그것의 논증 불능성을 인식할 수 있겠는가?

여기서 문젯거리는 '진정으로(really)' 란 표현인데, 즉 사랑에의 열정이 바로 신을 향한 열정임을 '들추어내는 일이거나' 아니면 반대로 신을 향한 열정이 사랑에의 열정임을 '들추어내는' 일이다. 전자의 정체 확인 작업은 전근대적이고 신학적이며 승화 지향적 성격이 강하여, 항시 여기 밑에 내리쬐는 여러 줄기의 빛을 설명하기 위해 태양을 우러러보는 모습을 띤다. 후자의 경우는 근대적·비판적·탈승화적인 것으로 종교적 인물들을 과소화하고, 그들을 이성의 범주로만 측정하거나 싸잡아 설명하려 하는 세속화된 이성 시대의 정신에 속한다. 어느 경우건 들추어내는 작업은 각각의 **진정한 모습**을 드러내기 위해 들쑤셔대고, 무엇이 **진정으로 진정한 것**인지에 관한 최종적 판단을 내리며, 그 문제를 즉시 해결하고 양 방식간의 구분을 명확히 하는 것을 목표로 한다. 하지만 '포스트모던'의 표현이, 만약 그것이 조금이라도 상대적으로 결정적인 무언가(발생했을 것으로 보이지 않는)를 의미할 수 있었다면 의미했을 것들 중의 하나는, '진정으로 진정한 것'을 밝혀내려는 모든 작업을 **종식하고**, 그것이 승화 지향의 '신학적인 최종 언명'이건 탈승화적이고 '비판적인 최종 언명'이건 간에 '최종적인 언명'을 내리려는 시도를 거부해야 한다는 것이다. '포스트모던한' 것이 의미했었을 것들 중의 하나는 탈대문자화, 가능한 한 최선을 다하여 대문자 **없이**, 최종적인 권위적 발음 없이, 그리고 '비밀'의 '지식' 없이 꾸려 나가려 하며 논증 불능의 해역에서 허우적거리려는 의지이다.

왜냐하면 우리는 우리가 누구인지 알지 못하기 때문이다.

그렇다면 어찌될 것인가? 혼돈이 올 것인가? 지옥이란 지옥은 모두 나타날 것인가? 우리는 인도받지 못한 채로 남겨지는가? 만약 우리가 스스로 누구인지, 또는 우리가 무엇을 사랑하는지 알지 못한다면 우리에게 남는 것은 무엇인가?

우리는 열정과 알지 못한다는 것 이외에는 남은 게 아무것도 없다. 알지 못하는 것**에 대한** 열정, '지식' 없는 진리, 불안정한 마음만이 남는다. 우리의 마음은 불안정하다(Imquietum est cor nostrum). 우리는 일부 사람들이 생각하는 것처럼 한발짝 내딛기 전에 확고한 기초와 절대적인 전제 기초를 요구하는 존재로 남겨지지도, 망망대해의 표면에서 허우적대며 아무 목적 없이 표류하도록 남겨지지도 않는다. 우리는 의심의 여지없이 그것에 관해 조금은 헤맨 채로 남아 있다. "나는 스스로 자문하도록 지어졌다"라고 아우구스티누스는 말했지만 지옥(분명 거룩한 지옥)에 있는 기분으로 헤엄치고, 알지 못하는 것에 대한 열정으로 진리를 행하며, 더욱더 일관되게 "내가 나의 신을 사랑할 때 나는 무엇을 사랑하는가?"라고 물으면서 바다와 관련된 은유를 마음에 담은 채로 남겨진다. 하지만 포스트세속적인 지위에 관한 이같은 논의는 진정으로 진정한 것에 대한 소동으로 말려드는 것을 피하고, 우리의 눈과 귀로 지금껏 보지도 듣지도 못한 **초현실적**·실제적인 초월의 세계로 사랑의 도약을 이루는 것이다. 상호간에 어느것이 상대에 대해 통용 가능하고 대체 가능한지의 논쟁점을 해결할 수 없는 방식으로 신과 사랑, 신과 아름다움, 신과 진리, 신과 정의 간의 중단 없는 통용성이나 거룩한 논증 불능이 존재한다고 나는 주장한다. 하지만 '정직성'을 주장함에 있어서 나는 물론 **진리**가 말해진다 해도 우리는 **진정으로** 알지 못하리라는 점을 말하고 싶다. 그렇지만 그것은 치명적으로 작용하는 모순(그것은 전문적인 철학자들이 논문에서 'I got you'를 발음대로 표기한 구어체 표현으로 '무슨 말인지 알겠다'는 의미이다)이라 한 것에 해당한다. 나 자신의 폭로 제스처는 아닌가? 나는 나 자신의 사고에 만족해하고, 내가 방금 우리가 문을 보여주어야 한다고 언급했던 '진정으로'란 표현의 고리에 걸려 방해받고 있지 않은가? 그렇지 않다고 나는 말하려 한다(진정으로 그렇지 않다고). 나는 양 입장을 들추어내거나 가능한 제3의 가장 신랄한 비판을 통해 양자를 폐기하려는 게 아니다. 나는 단지 어느것이 어느것인지를 진정으로 알지 못함을 폭로하고 인정하고자 한다. 나는 우리의 어휘로부터 '진정으로'란 용어를 파문하려 하는 게 아닐 뿐더러 그렇게 할 수도 없으며, 단지 내가 '진정으로 진정한 것'을 알지 못하고 초현실적인 불가능한 현상이 발생할 수 있음을 신실히 인정하려 한다. 논증 불능의 영역이 신앙이 발생하는 장소이고, 신앙이 감지되는 밤이다. 왜냐하면 어둠이 그것의 구성 요소이기 때문이다. 논증 불능성이야말로 신앙이 '지식'이 아닌 이유이고, 신앙이 '지식' 없이도 진실될 수 있는 방식이다. 믿음과 소망과 사랑이 요청되는 것은 우리의 다양한 성찰에도 불구하고 우리가 스스로 누구인지 **실제로** 무슨 일이 진행중인지 알지 못함을 인정할 때이며, 그때가 되면 우리의 마음이 초현실에 다가서게 된다.

나는 일종의 포스트모던한 아우구스티누스적 방식으로 우리가 스스로 누구인지 알지 못함을——우리의 존재 자체가 이러한 속성을 지닌다——단순히 말하고 고백하려 한다. 그럼으로써 우리는 무가 아닌 우리 자신과, 그리고 "나는 스스로 자문하도록 지어졌다"는 말과 더불어 남게 된다. 우리는 우리의 **열정**, 알지 못하는 것에 대한 열정, 신을 향한 열정과 사랑을 지닌 채로 존재하며, 이런 열정에 휩싸인 우리는 우리의 신을 사랑할 때 우리가 무엇을 사랑하는지 알지 못한다. 수많은 종교인들은 열정은 못으로 박힌 듯 고정되고 확고해야 하고, 열정이 자신의 머리를 쳐들어 어디로 향하는지를 알아야 하며, 알지 못하는 것에 대한 열정으로는 문제가 야기될 수밖에 없다고 생각한다. 나는 그들이 향하는 방향을 알고자 하는 열정에 반대하거나 그들이 나름의 입지를 갖고 있다는 점을 부인하지는 않지만, 그것이 가장 심오하고 흥미로운 것이라고는 생각하지 않는다. 만약 알지 못하는 것을 향한 열정이 길을 잘못 들 위험을 감수하고, 그것이 무엇인지를 알며 일의 진행 양태에 대한 그럴듯한 관점을 내포한 열정은 자신의 노에 의지하고 범용한 인물이 되어갈 위험이 있다. 그것은 판에 박히고 기계적으로 반복되어 결과가 나올 때까지 시간이나 재는 작업이 될 위험에 처한다. 나의 견해로는 최상의 열정은 알지 못하는 것에 추진받는다. 무슨 일이 진행되고 어떤 방향을 향해 나아가는지에 대한 확신을 결여할 때, 또는 우리가 할 수 있는 모든 일이 신념을 갖고 계속해서 나아가며, 우리가 최종적 확신을 갖지 못하고 과정상에 있는 일을 사랑하고 신뢰할 때 그것의 긴장이 고조되고 모험심이 가열된다. 열정은 신앙에 의존하고, 신앙은 일종의 열정이다. 열정은 신앙에 의해 인도되고, 신앙은 열정에 의해 추진력을 얻으며, 이러한 열정적 신앙은 삶에 소금을 제공한다.

하지만 다수의 정통적 종교인들, 즉 특정 종교의 구성 요소인 특정 인물·상징·전제들에 엄격히 부착된 사람들의 생각과는 반대로 상황이 이렇다면 **우리는 우리가 누구를 믿고 누구에게 기도하는지를 알지 못한다**. 분명 우리 모두는 기도를 드리고, 여러 신조를 암송하며, 신학자들 덕택에 그들의 마음을 축수하고, 때로는 우리가 고백하는 것의 근본 내용들을 상세히 그것도 필요한 것 이상으로 알고 있다. 하지만 이러한 교리의 진술은 살아 있는 신앙, 급격히 상이한 형태의 진리에 명제적 형태를 부여하는 행위에 해당한다. 그것은 때로 매우 훌륭하고 영감을 주는 방식으로, 그리고 탁월하게 정리되고 체계화된 교의——이 중 일부는 장로들(대개는 남성인)의 협의회에 의한 투표로 결정되는 ——형식으로 종교적 진리를 드러내 준다. 그렇지만 그것들 밑, 내부와 앞뒤에는 살아 있는 신앙, 불안정한 마음이 사랑의 융합을 통해 전율한다. **무엇을** 믿는 신앙이며, **무엇에 대한** 사랑인가? 내가 만약 '신'과 '사랑'과 같은 이름들의 논증 불능성, 상호 통용성과 대체성에 관해 언급해 온 내용을 토대로 한다면 그 질문은 열려져 있어야 하며, 그것이 그러는 한 그리고 응답받지 않으며 폐쇄되지 않는 한 신앙은 참으로 신앙이 된다. 만약 우리가 우리 자신이 누구인지 진정으로 알지 못한다면 그때 진정 신앙은 신앙이 된다. 논증 불능성은 신앙과 기도를 폐쇄로부터 보호하고, 그것을 위험한 상태에 둠으로써 결과적으로 그것들을 안전히 유지시켜 준다.

하지만 신앙에 관한 질문이 대답, '최종의 결론적 대답'을 끌어내지 못한다 하더라도 그것이 겸손하면서도 열정적이고, 소박하면서도 심금을 울리는 **응답**을 요구한다. 신앙과 사랑이 부르면 우리는 〈누가복음〉 속의 동정녀 마리아처럼 "저 여기 있습니다"라고 말하는 편이 좋다. 사랑이 행동을 요구할 때, 우리는 그것이 비록 가결된 것이라 하더라도 체계화된 명제 이상의 것에 대비해 두는 게 좋다. 지금 요구되는 것은 사랑과 정의이기 때문에 우리는 **무엇이** 아니라 **어떻게** 응답하고 진리를 행하며, 그것이 여기저기서 발생하도록 만들 것인지에 대해 만전을 기하는 편이 좋다. 아직은 실제적이지 않고 불가능하며, 초월적인 것에 대한 사랑, 그리고 헛되이 사라지지 않을 게 틀림없는 고인들에 대한 기억은 어느곳에서나 영혼과 진리 모든 면에서 행위를 요구한다. 진정으로 종교적이 되는 종교적 진리는 암송해야 할 교리가 아니라 취해야 할 행동이다. "사랑하는 자들아, 우리가 서로 사랑하자. 사랑은 하나님께 속한 것이니 사랑하는 자마다 하나님께로 나서 하나님을 알고"(〈요한일서〉, 4:7) 신의 이름은 **행해야** 할 그 무엇이다. **행위** 없이는, 그리고 행해야 할 그 무엇 없이는 그것은 단지 소음이거나 자신의 길을 가는 방법 내지 편안한 삶을 유지하거나 큰 칼로 적을 쳐부수는 것일 뿐이다.

기도 역시 '지식' 없는 진리의 한 형태이다. 프로테스탄트가 십자가에 달리신 그리스도를 향해 기도하거나 가톨릭교도가 축복받은 처녀를 향해 기도할 때, 또는 성체 성사를 축수하거나 불자가 불상 앞에서 공손히 절할 때, 혹은 이슬람교도가 동쪽을 향해 경건히 돌아서서 무릎 꿇을 때, **누가 이를 감히 무어라 할 수 있겠는가?** 우리는 여기서 완전하고 상호간에 환원 불가능한 형태의 삶과 관계되기 때문에, 그 질문은 잘못 제기되고 상식에 어긋날 뿐 아니라——하나의 진정한 언어를 찾으려는 것만큼이나——경망하고 반종교적이며 무례하다. 각 형태의 기도는 자체의 긴장감, 신실함, 경건성, 선한 의지를 표방하며 각 종교의 토대가 된 역사적 삶의 형태 안에서는 이치에 닿는다. 각각은 진리를 행하는 자신의 방식을 표상한다. 우리는 각각의 것들이 진실되고 진리를 행하는 한 많은 종교와 기도를 가져야 한다. 하지만 그것들 중 어느것도 절대적이거나 초역사적인 자격을 갖는 것은 아니다. 결코 그렇지 않다. 각 종교는 파괴 없이는 상호간 유리될 수 없는 역사적 바탕 위에 둥지를 틀고 있다. 각각의 종교는 초역사적인 **무엇**이 아니라 역사적인 **어떻게**에 해당한다.

각 종교의 다양한 모습에서 우리는 우리가 누구를 향해 기도하는지 알기는커녕 각 신자들의 기도가 많은 역사적 형태를 띠고 나타나는 만큼, 우리는 어떤 지배적인 탈역사적 방식으로 우리가 누구를 향해 기도하는지를 알지 못한다. 왜냐하면 기도는 '지식' 없이 진실될 수 있기 때문이다. 기도의 삶이 여러 형태를 취한다는 사실은 기도의 본질이 그러한 불확정성을 해소하거나, 그 **무엇**에 대해 확고히 못을 박는 것이 아니라 거듭해서 '진리'를 행하고 신령과 진정으로——다양하고 환원 불가능하며 합치가 어려운 상이한 방식으로——예배하는 것(〈요한복음〉, 4:24)이다. 만약 신이 어딘가에 있다면, 그것은 다양성 속에서이다. 아우구스티누스 역시 "주님, 당신은 어디에 계시나이까?"라고 묻길 좋아하였고, 그것에 대한 가장 정통적인 대답은 내 안과 밖 그리고 위와 여기저기 그 '모든 곳'이다. 왜냐하면 신은 우리 사이에 막사를 치고 거주하며, 나 자신의 포스트모던적 표현을 빌리자면 또한 다른 사람들 사이에서도 거주하기 때문이다. 신을 사랑하는 사람은 **누구나** 신으로부터 난다.

종교 없는 종교의 원리

　나는 근대 이전의 신앙 생활과 지금 우리가 경험중인 포스트세속적인 순간 간의 통신선을 개통하기 위해 논의해 왔다. 나는 성 아우구스티누스의 포스트모던하고 포스트세속적인 문장의 반복, 종교 없는 종교의 모든 특색을 갖춘 포스트세속적인 시대(아우구스티누스는 때로 이를 인정하지 않는 **주교**로서의 눈길을 보내리라고 생각한다)를 위한 성 아우구스티누스의 고언을 제시해 왔다. 마찬가지로 나는 일종의 신을 향한 포스트모던적 정신의 고양(itinerarium mentis ad deum) 내지 불가능성이나 초현실성을 향한 정신적 승화에 관한 성 아우구스티누스와 성 보나벤투라의 천년**말**적 버전을 나의 방식으로 제시하고자 한다. 그것은 나와 같은 사람들, 키에르케고르가 '가련하게 존재하는 개인들'이라고 부른 사람들——내 식으로 말하면 자신이 누구인지 모르는 사람들——을 위해 고안되었다. 나는 키에르케고르적 기준에 의거하여 세 국면으로 펼쳐지는 승화를 묘사하고자 하는데, 이 방식으로 포스트모던적 '존재'의 세 단계, 혹은 내가 종교 없는 종교의 점차 고등화되고 급진적인 세 원리로 지칭한 것의 특색을 밝혀 볼 수 있다.

"나는 내가 누구인지, 또는 내가 신의 존재를 믿는지 하는 점을 스스로 알지 못한다." 그 명제가 출발점이고, 진정 이것으로 충분하다. 아우구스티누스가 말한 대로 나는 스스로에게 신비이고 의문 부호이며, 수수께끼이고 혼란과 이해 곤란의 땅이다. 그렇기에 나는 어느것이 나이고 나 자신이며 내가 어디에 속하는지 알지 못하면서 신앙과 무신앙, 신과 무신, 종교와 반종교 사이에서 오락가락한다. 그것은 충분히 사실이지만 "진정으로 행한다"라는 측면에서는, 즉 그것이 지나치게 인지주의적이고 충분히 열정적이지 않다는 의미에서는 충분한 진실이 되지 못한다. 이 노선을 따르는 자는 기껏 폭풍우를 만나 고통스러워하는 바깥의 가련한 비렁뱅이들이 어떻게 될 것인지를 궁금히 여기면서, 지나치게 집에만 머물러 악천후에는 결코 나가려 하지 않고, 혹한 바람이 불 때 밑으로 기어들며 의자에 앉아 담배나 태우면서 삶이 진행되는 대로 나아가려는 경향이 있다. 여기서 불확정성은 미적지근함과 우유부단함과 별다를 게 없다.

"나는 내가 믿는 대상이 신인지 아닌지 알지 못한다." 이것은 조금 나아진 경우이다. 나는 신앙의 맛을 느끼며 침소를 박차고 나아가 올바른 방향으로 한발짝을 내딛고 움직여 가며 보다 열정적인 행동에 참여한다. 왜냐하면 여기서는 적어도 삶이 신앙 없이 한발짝을 디디는 것이 아니고, 만약 우리가 어느곳을 향해 나아갈 경우 신앙이 처음이고 마지막이며 항상적임을 내가 알기 때문이다. 만약 내가 다가올 모든 결과와 문제를 해결할 명확한 정보를 기다린다면 삶이 나 없이도 정거장을 떠난 지 한참 된 것임을 나는 안다. 하지만 나는 내가 무엇을 믿는지, 내가 믿는 것이 신인지 아닌지, 그것이 신의 이름으로 표현될 수 있는지 하는 점을 알지 못한다. 아마도 내가 반응하는 대상은 '삶'의 부름, 그것에 내포된 활력이나 내적 충동이다. 아마도 나는 삶 자체의 자가당착적인 운동을 포용하는 것인지도 모르는데, 왜냐하면 삶은 스스로의 보상에 해당하고, '왜 삶을 욕망하는가'에 관한 질문에 대답할 필요가 없기 때문이다. 이것 모두는 충분히 사실이지만 그렇다고 충분히 열정적이지도, 충분히 진실되지도 않는다. 이런 사람은 삶은 일종의 인식론적 문제이고, '어떻게'라기보다는 오히려 '무엇'을 결정하는 문제이며, 사랑의 모든 열정에도 불구하고 전력을 다해 살아가는 방식이나 심령을 다해 신심으로 기도하는 방식을 포용하기보다는, 우리가 무엇을 믿고 누구를 향해 기도할지를 판단하는 문제라고 여기는 경향이 여전히 농후하다.

"내가 나의 신을 사랑할 때, 나는 무엇을 사랑하는가?" 이 경우 나는 불가능을 향한 열정, 사랑의 모든 에너지를 표출하며 전력을 기울인다. 마음이 강고하고, 신앙과 사랑이 결핍된 신을 사랑하는 면에서도 그렇지 않겠는가? 당신은 내가 당신을 사랑하는 것을 알지만, 문제는 내가 당신을 사랑할 때 나는 무엇을 사랑하는가 하는 것임을 주님도 알고 계시죠? 신은 사랑이다. 신은 사랑의 이름이다. 신은 우리가 사랑하는 것의 이름이며, 문제는 우리가 신을 사랑할 때 무엇을 사랑하느냐인데, 그것은 우리의 신 "당신입니까?" 신의 이름은 가장 강력하고 가장 아름다우며, 모든 이름 중에서 첫번째로 갖는 필수 불가결의 이름으로서 그것의 소리에 맞춰 모두가 무릎을 꿇고, 그 이름을 우리가 경외하며 포용하고, 사랑하며 그것을 비방하는 자들로부터 보호한다. 무신론자는 신의 사랑과 사랑의 신을 거부하기 때문에 마음과 사랑이 없다. 사랑을 품지 않는 자는 결코 신을 사랑하지 못한다. 신의 이름은 영원히 열린 질문의 이름이다. 신의 이름이 모든 질문을 닫게 하며, 그것이 모든 가능한 질문에 대해 준비된 대답을 제공한다고 생각하는 환원주의자들과는 달리 나의 포스트모던적으로 승화된 질문에서 신의 이름은 무한한 질문성, 끊임없이 질문 가능한 것의 이름이다. 왜냐하면 어떤 이름도 내가 사랑하고 욕망하는 것의 이름보다 나의 머리를 더 차지하도록 하는 것은 없기 때문이다. 하지만 내가 나의 신을 사랑할 때, 나는 무엇을 사랑하는가? 내가 사랑하는 성 아우구스티누스에 충실하여 '무엇'이라는 표현을 고수할 것인데, 나는 결코 그렇게 하지 않을 테지만 만약 내가 성인의 말을 고치려 한다면, 그리고 만약 내가 10세기에 아일랜드의 수도원에서 《고백록》을 어설프게 필사하는 사람이라면 나는 공포로 전율하며 은밀히 '**무엇**'을

'어떻게'로 수정했을 것이다. **내가 나의 신을 사랑할 때, 나는 어떻게 사랑하는가**로 말이다. 왜냐하면 사랑은 무엇이 아닌 어떻게이기 때문이다.

그리고 신도 그러하다. **성자(filioque)** 논쟁과 같은 중요한 문제를 해결하는 공식 종교의 교리와 협의회, 그리고 신학 저술들과 공식적인 기도서들 이상으로 신은 **무엇**이 아니라 **어떻게**이다. 신은 나의 삶의 열정이고, 모르는 것에 대한 열정이며, 불가능을 향한 열정이다. 신은 비율이 아니라 신령과 진정으로 섬김받는다. 그것을 우리는 신뢰할 만한 자료, 즉 불신하는 유대인들에게 지옥(거룩한 지옥)을 제시하려는 취지를 담은 유대교 예언서로부터 배운다. 정의를 도외시하고 빈자를 짓밟으며 구호를 필요로 하는 사람들을 천시하는 이들은 주의 날에 부름당할 것을 두려워해야 하며, 그들이 부당 이득을 취해서는 아니될 것이라고 아모스는 경고한다. 나는 너희의 축제와 엄숙한 집회를 증오하며, 나는 너희의 탄 제물을 받아들이지 않을 것을 신에게 고할 것이라고 아모스는 말한다. 너희의 노래와 영광스러운 예배식 및 하프의 멜로디를, 즉 너희의 '종교들'을 치워 버리라고 아모스는 말하는 것 같다. "오직 공법을 물같이, 정의를 하수같이 흘릴지로다."(《아모스》, 5:24) 신의 이름은 엄숙한 집회에서 불려지는 방식이 아니라 심령과 신심을 다한 사랑 안에서——왜냐하면 사랑하는 자는 그 누구나 신에게서 나는 것이기에——그리고 아모스가 극빈자와 구호민을 갈취하고 지치게 하는 것이 아니라 이들에 봉사하는 것으로서 묘사한 정의가 행해지도록 함으로써 터져 나온다. 내 생각에 아모스는 '종교 없는 종교'——정의가 더 많이 이루어지고 탄 제물과 집회는 덜 드러나는 것을 의미하는——라는 생각을 제의한 첫번째 인물들에 속한다. 아모스에게는 신의 이름은 정의의 이름이고, 정의는 생각이 아니라 행위이며, 그것의 진리는 진리를 **행하고** 정의가 진실로 발생하게 함으로써만 획득된다. 정의는 엄숙한 집회에서 연설함으로써가 아니라 내적 마음의 도시에서 걸음으로써 얻어진다. 신의 정의, 정의의 신은 행위이고 **어떻게**이다.

궁극적으로 《종교에 대하여》란 본 고찰의 말미에 유신론과 무신론, 종교와 무종교 간의 구분이 어떤 혼동, 그리고 내가 분석해 온 거룩한 불확정성과 관련된 주제로 인해 제대로 이루어지지 못한 사실을 우리는 알게 된다. 왜냐하면 종교는 정의가 강물처럼 흘러 나올 때는 생기 있고 삶을 변화시키지만, 정의가 거부될 때에는 더불어 거부되는 신의 사랑이기 때문이다. "하나님을 사랑하노라 하고, 그 형제를 미워하면 이는 거짓말하는 자이니." (《요한일서》, 4:20) 역사적 종교의 안팎에서, 그리고 내부적으로는 우리 나머지가 편안한 삶을 사는 동안 우리 중 가장 미약한 자들에 봉사하며 조용히 헌신하는 영웅적 행동의 삶을 영위한 본회퍼나 테레사 수녀 및 수많은 무명의 성인들과 더불어 정의가 발생한다. 그리고 외부적으로도 종교적 불이 지펴지지 않고 있다고 확신할 수 있는 안전하게 세속적인 영역이 존재하지 않기 때문에 그러하다. 종교——종교와 더불어, 혹은 종교 없이——도 정의와 신을 사랑하고, 이에 봉사하는 사람들이 존재하는 곳에서는 어느곳에서나 존재한다.

나의 신이시여, 당신은 **어디에** 계십니까?

만약 신이 사상이 아니라 행위라면 신의 사랑이 천국의 예언, 천사들을 통한 하늘의 방문, 엘비스 프레슬리나 UFO 또는 신만

이 아는 것의 현시처럼, 신시대의 난센스와 혼동되는 반즈 앤 노블 상점 혹은 아마존 닷컴에서 쉽게 접할 수 있는 수많은 난센스를 분류하는 방법이나 전망을 우리에게 제시해 준다. 신의 사랑은 즐거움을 추구하는 안정된 중년의 베이비붐 세대의 게으른 호기심——아우구스티누스가 눈의 호기심(curiositas occulorum)으로 표현했던 것(《요한일서》, 2:16을 따라)——과는 무관하다. 그것은 우리 삶의 변화 가능성, 미래의 변화 가능성, 우리 사회의 극빈자와 가장 무력한 자들에 봉사하는 것, 우리의 구축이 잘된 경계 지역을 가로질러 지나가는 이방인들과 집 없고 버려진 사람들 및 병자와 약자를 환영하는 면과 관련된다. 주여, 우리가 어느 때에 주의 주리신 것을 보고 공궤하였으며, 목마르신 것을 보고 마시게 하였나이까.(《마태복음》, 25:37)

신은 우리 모두가 주위에 앉고, 우리 앞에 드리워진 거대한 우주의 커튼 뒤에서 무슨 일이 진행되며, 무엇이 우리 중 누구를 칠 것인지를 알아내는 커다란 추측 게임을 우리와 벌이고 있는 게 아니다. 신의 철수는 호기심 많은 자에게 흥겨움을 안겨 주고, 형이상학자에게 당혹감을 야기하는 경우가 아니다. 신이 우리의 시야에서 사라진다 함은 정의의 문제이고, 우리의 접근 방향을 신으로부터 이웃으로 향하게 하며, 유대인 철학자 에마뉘엘 레비나스가 말한 대로 이웃과 이방인을 위한 정의를 실현하고자 신 자신이 구조적으로 우리에게 가시화되거나 감지되지 못하도록 하려는 신적 의도의 문제이다. 신의 이같은 **편향성**은 신을 행동으로 **전향**시키는 것에 해당한다. 주님, 언제 우리가 당신께서 목마른 것을 보고서 물을 드렸습니까? 그것은 무언가를 성찰하거나 신학화하여 오히려 반은 고사시키고 마는 것이 아니라 그

것을 **행할** 것을 요구한다. 철학과 신학은 각각의 지위를 점하고
있고 나 역시 이 두 가지를 매우 좋아하지만(중독될 정도로까지),
그것들은 굴절된 모습으로 나타난다. 정의를 행하지만 신학이나
철학, 인정된 교리의 목록, 심지어는 자신의 신의 이름조차 지니
지 않은 사람들은 라인란트 지방의 신비주의자인 마이스터 에크
하르트가 '신적인 신'——인간적인 신, 뗏목의 신, 우리가 성찰
의 대상으로 삼고 추측하며, 마치 신이 고공을 비행하고 정체불
명의 UFO인 것처럼, 환상으로서 여기는 신과 대비되는 것으로
서의——이라 부르길 좋아했던 것에 훨씬 더 근접해 있다. 에크
하르트는 만약 당신이 그가 설파하는 내용에 굶주려 있는 게 아
니라면 그를 이해하는 데 당신의 시간을 소비하지 말라고 자신
의 설교집에서 언급하였다.

신의 사랑이란 관점에서 종교는 그것이 내포하는 것을 내포할
수 없다. 우리는 신의 사랑이란 관점에서 종교를 규정하였지만,
신의 사랑은 종교에 의해 규정되거나 내포될 수 없다. 신의 사랑
은 너무도 중요해서 종교인들이나 신학자들에게 맡겨질 수 없다.

신을 사랑하는 문제와 관련될 때, 누가 안에 있고 누가 밖에
있는가? 우리는 《신약성서》의 한 유명한 비유로, 즉 루이스 캐
럴이 지금껏 상상한 어떤 파티보다도 광기적인 결혼식에 관한
이야기로부터 단서를 얻는다.(〈마태복음〉, 22:1-14) 초대받은 손
님 중 아무도 결혼 피로연에 모습을 드러내지 않았을 때, 주인은
하인들을 거리로 내보내 이방인들과 우연히 근처를 지나가던 사
람들——그렇기에 결혼식 예복으로 치장하지 않았으며, 신랑과
신부가 누구인지도 알지 못하는 사람들——을 데려오도록 한
다. 당신은 이보다 더 상상 불가능하고 믿기 어려운 결혼 피로연

을 상상할 수 있는가? 하지만 그것이야말로 '신의 왕국'이 작용하는 방식이라고 듣는다. 그리스도교도는 이 이야기를 예수를 거부했던 유대인들에 빗대어 묘사하였지만(복음과 사랑의 서간집의 저자인 '요한'도 모르지는 않았던 전략임을 나는 부가하고자 한다), 그것은 물론 그리스도교의 배타주의에도 동일하게 적용되는 부메랑이다. 이 왕국에서는 내부인은 밖에 있고 소홀히 되는 반면 외부인은 안에 있다. 신의 사랑이 지배하는 장소인 '신의 왕국'은 공식적인 초대 목록과 공식적인 회원권을 마련하고 있지는 않지만, 심령을 다해 진정으로 정의를 행하는 모든 사람을 포함한다. 사랑하는 사람은 누구나 신으로부터 난다. '신의 왕국'은 무엇이 아니라 어떻게이다.

내가 나의 신을 사랑할 때 나는 무엇을 사랑하는가? 탄 제물이나 엄숙한 집회가 아니라 정의이다. 그렇다면 정의는 신의 또 다른 이름인가? 또는 신이 정의의 또 다른 이름인가? 우리는 이러한 종류의 질문이 갖는 불확정청에 관해 내내 논의해 왔으며, 이제 그것이 의미 없음을 부가적으로 강조해야 한다. 만약 내가 신의 이름으로 이웃에 봉사하든지 정의의 이름으로 이웃에 봉사하든지 간에 그것이 무슨 차이가 있겠는가? 만약 신의 이름이 **무엇**이 아니라 **어떻게**라면 신의 이름은 그것이 사용되지 않을 때보다 더욱 **효과적**이다. 아마 조지 루카스가 말한 대로 신의 이름과 사랑의 신은, 인간적 '종교'의 모든 미묘함으로부터 벗어나 존재할 수 있는 것이기에 그것이 알려지지 않았을 경우 오히려 **더** 효과적이다.

신의 **의미는 행동화되는 것**이며, 그렇지 않으면 그것은 거부되고 우리는 대신에 주식의 포트폴리오를 구성하는 데 시간을 바친다. 그것은 예수의 삶과 죽음을 경외하며 악과의 비폭력 투쟁을 벌였고, 그가 감히 아바(Abba)라 부른 존재가 우리를 용서한다는 메시지——비록 그것이 자연 세계의 위대함을 표현한 제사장 요셉을 경외하여 전달된 것이라 하더라도——를 거부했기 때문에 살해당했으며, 우리가 지구에 속하는 사실을 인정하는 대신 지구가 인간에 속한다는 백인의 사고에 놀라움을 표명했던 간디에게서 동일하면서도 상이하게 행동화된다. 신의 사랑은 인간의 모든 충동들이 대립되고 전도되며 우리가 우리 자신과는 다르고 위대한 것에 의해 스스로로부터 벗어날 때, 그리고 우리의 힘과 잠재력이 불안정한 상태에 놓이며 우리가 불가능을 향한 기도에 붙들릴 때 펼쳐진다.

신의 **의미**는 내가 좌우하거나 예측할 수 없는 미래를 향해 열리고, 나에게 불가능하며 나의 힘을 능가하고 나를 압도하며, 나를 가능의 한계로까지 몰아 가고 나를 신을 향해 끌고 가는 가능성에 노출되어 확립된다. 그와 함께하면 불가능이란 없다.

내가 나의 신을 사랑할 때 나는 무엇을 사랑하는가? 불교도나 아메리카 원주민 또는 현재의 페미니스트에게 우주는 니체가 생각한 것처럼 맹목적이고 우둔한 분노가 아니라 친구이고, 우리의 근본이고 모체이며, 시작이자 끝이고, 우리의 기원이고 우리가 돌아가야 할 우주의 자궁이자 바다에서 한량없이 넘실대며 흐르는 물결처럼 친근한 유량(流量)이었다. 그렇다면 신의 사랑은 춤추고 수영하며, 우주적 향연에 참여하고 그것의 리듬에 따라 움직이며, 우리 개개인은 우주의 발레에서 자신의 역을 맡는 것 이상의 특별한 의미를 갖지 못함을 인식하는 방법을 의미한다. 다른 한편 유대교와 그리스도교에서 신의 이름은 모든 머리카락 수를 헤아리고, 우리 머리의 모든 머리카락 수를 헤아리는 존재의 이름이다. 그것은 각 개인을 소중하고 잃어버린 양이나 동전, 잃어버린 자녀로 여기고, 신의 이름이 다른 아흔아홉 마리 양이 안전한 동안 길 잃은 한 마리 양을 찾아나선 선한 목동의 이름이며, 집 나간 자녀를 용서하고 비록 아이가 모든 것을 탕진했을 지라도 그의 귀향을 축하하기 위해 잔치를 벌이는 부모의 이름이다. 그것은 이 역사의 주님이 바람의 날개를 타고 장엄한 〈시편〉 104편에서 레바논의 삼목들을 물에 띄우는 진영의 주님과 동일하지 않음을 의미하진 않는다.

신의 **의미**는 사랑을 향한 이같은 다양한 움직임들 속에 담겨져 있지만, 이 움직임들은 단순히 지나치게 다양하고 다가적이며 환원 불가능하고 함포하기 어려워 식별하고 규정하거나 결정할 수 없다. 아우구스티누스의 질문인 "내가 나의 신을 사랑할 때 나는 **무엇을** 사랑하는가?"에 응답함으로써 우리는 신의 사랑이 급진적이고 지울 수 없을 정도로 통용 가능하며, 우리 자신이 작용중인 대체와 통용의 과정을 내포할 수 없음을 인정한다. 하지만 이같은 통용성은 **의미론적** 과정이 아니라 실존적이거나 실용적인 과정이다. 그것은 신의 사랑에 합당한 사전적 용어를 발견하는 문제가 아니라 그것을 **행하고** 그것에 시험을 가하며, 그것의 효과가 우리를 행동으로 이끌고 우리를 전율케 하는 것을 느끼는 것의 문제이다. 사랑은 정의가 아니라 해야 하고, **만들어야** 할 무엇을 의미한다. 우리가 '신'과 '사랑'이라는 두 가지 개념의 통용성과 대체성을 숙고하고 어느것이 어느것을 번안한 것이지를 물을 때, 우리는 잘못된 장소에서 통용성을 찾고 있는 것이다. 신의 사랑의 통용성이란 측면에서 이 이름이 의미하고 지시하는 초월성에 의해 번안되고 변형되며, 행동으로 옮겨지고 이행되는 대상은 바로 **우리** 자신이다. 신의 사랑은 신의 초월성으로 통용된다. 신의 사랑은 **행해야** 할 무엇이기에 그것은 그것이 명명한 움직임이고, 그것이 요구한 행동이다. 신의 사랑은 명제에 의해 설명되고 명료해지는 게 아니라 검증되고 행동화되며 수행된다.

'신'——그것은 모든 것을 통괄하고, 모든 것이 자신에 통괄되도록 하는 이름이고 명령이며 초대이고 권면이다.

신께 안녕을 고합니다

그렇다면 내가 나의 신을 사랑할 때 나는 무엇을 사랑하는가?
하나님이 당신과 함께하시길.
감사합니다, 예수님, 감사합니다.
예, 예.
안녕히(하나님이시여).

참고 내용 요약

성서의 내용은 *The Holy bible: The New Revised Standard Version* (Nashville: Thomas Nelson, 1989)으로부터 인용했다. 아우구스티누스의 《고백록》은 접할 수 있는 다수의 번역서가 있지만, 나는 Frank Sheed (Indianapolis: Hackett, 1970)에 의한 번역을 좋아하는데, 특히 제10장의 내용을 풍부히 원용하였다. Garry Wills, *Saint Augustine*(New York: Viking Penguin, 1999)은 성 아우구스티누스의 개괄적인 소개서로서 매우 훌륭하다. 나는 이 책의 배경으로 변함없이 작용하고 나의 *The Prayers and Tears of Jacques Derrida: Religion Without religion*(Bloomington: Indiana University Press, 1997)에서 보다 상세히 취급된 자크 데리다의 복합적인 저술 내용을 분석하였다. 나는 겸손한 마음으로 자크 데리다에 대한 명료하고 생생한 도입서로서 *Deconstruction in a Nutshell: A Conversation with Jacques Derrida*(New York: Fordham University Press, 1997)를 추천한다. 나는 또한 Terry Brooks, *Star Wars, Episode I: The Phantom Menace*(New York: Ballantine, 1999); Kierkegaard's Writings, VI, *'Fear and Trembling' and 'Repetition,'* trans. Howard and Edna Hong(Princeton: Princeton University Press, 1983)을 인용하였다.

나에게 이 책을 쓰도록 권고하고 아낌없는 유익한 조언을 해준 편집장 Richard Kearney와 Simon Critchley, 그리고 루틀리지의 편집자 및 현명한 조언을 통해 이 책이 덜 이단적이 되도록 도와 준 친구 Keith Putt 박사에게 감사를 표한다.

역자 후기

　'내가 신을 사랑할 때 나는 무엇을 사랑하는가?' 아우구스티누스가 《고백록》에서 행한 고백의 한 구절을 모토삼아 J. D. 카푸토는 종교가 갖는 진정한 의미를 탐색한다. 그가 의미하는 '종교적인' 사람들은 신을 사랑하듯 주위 사람들——타종교와 다른 종파의 사람들을 포함하여——을 사랑하는 진정으로 소금 가치가 있는 사람들이다. 반면 성직자라 하더라도 권위만을 내세우고 사랑하거나 관용할 줄 모르는 사람들은 신으로부터 버림당하고 징벌받을 존재들이다. 그는 각 종교들이 영속적이 되기 위해서는 나름의 제도와 교리를 갖출 필요를 인정하지만, 궁극적으로 종교란 '종교 없는 종교'여야만 바람직하게 된다고 여긴다. 동시에 일반적인 전망들과는 달리 무신론이나 허무주의가 팽배할 것 같은 포스트산업 시대·디지털 시대에 '신이 죽지 않고' '신의 죽음이 죽으며' 종교가 왜 그리고 어떻게 세인들에게 그토록 영감과 도덕적 지침의 근원이 되는지에 대해, 그리고 왜 종교가 '불가능한 것'에 대한 사랑인지에 대해 자문한다.

　그는 《스타워즈》 《사도》와 같은 영화를 포함한 대중 문화, 디지털을 비롯한 현대의 통신 체계, 안셀무스·칸트·키에르케고르·니체·하이데거·데리다의 철학적 연구 및 정신분석학의 성과를 인용하며 대중 문화 속에 뿌리내린 종교의 초상을 그리고 있다. 역자는 종교 분야에 대해 문외한에 가까우나 평소 종교에 대해 가졌던 지대한 관심을 밑천 삼아 공부하는 마음으로 이 책을 번역하였다. 마지막으로 사고의 확장을 위해 특정 학문의 한계 내에 머물지 말고 인문학을 포함한 다양한 분야를 접해 보라는 동문선 신성대 사장의 격려에 감사드린다.

2003년 6월　최생열

최생열
서강대학교 사학과 졸업
고려대학교 대학원 서양사학과 졸업, 문학박사
역서: 조르주 뒤비 《전사와 농민》(1999, 東文選)
조르주 뒤비 《부빈의 일요일》(2002, 東文選)
맬리스 루스벤 《이슬람이란 무엇인가》(2002, 東文選)
모제스 I. 핀레이 《고대 세계의 정치》(2003, 東文選)
S. 지제크 《믿음에 대하여》(2003, 東文選)
존 H. 아널드 《역사란 무엇인가》(2003, 東文選)
E. 크레이그 《철학이란 무엇인가》(2003, 東文選)

현대신서
133

종교에 대하여

초판발행 : 2003년 7월 20일

지은이 : 존 D. 카푸토
옮긴이 : 최생열
총편집 : 韓仁淑
펴낸곳 : 東文選
제10-64호, 78. 12. 16 등록
110-300 서울 종로구 관훈동 74
전화 : 737-2795

편집설계 : 李娗昊 李惠允

ISBN 89-8038-278-2 94200
ISBN 89-8038-050-X (현대신서)

東文選 現代新書 100

철학적 기본 개념

라파엘 페르버

조국현 옮김

　우리는 모두 철학을 가지고 있다. 철학의 싹이 우리 속에 있기 때문에 우리는 철학을 할 수 있다. 물론 보편 정신의 철학은 발전되지 못했을 뿐만 아니라 때때로 잘못되어 있다. 이러한 사실을 놓고 볼 때 철학 외적인 입장이 아닌 철학적 입장에서 철학을 교정할 수 있다는 점이 중요하다. 우리는 철학을 밖에서 바라보기 위해 철학 밖으로 나갈 수 없다. 마찬가지로 우리 일상철학의 옳고 그름을 판단할 수 있는 척도를 제시할 특정한 관점을 얻으려고 철학 밖으로 나갈 수도 없다. 보편 정신은 오히려 스스로 이러한 척도를 세워야 하며, 자가 교정을 위한 요소들을 자신으로부터 찾아내야 한다. 여기에 딱 들어맞는 말이 있다. 언어에 대해서 말하기 위한 언어 밖의 관점이 존재하지 않는 것처럼 철학에 대해서 철학하기 위한 철학 밖의 관점이 존재하지 않는다. 철학 밖에 철학적 입장이 존재하지 않는다는 점에서 철학하기의 필연성이 도출된다. 아리스토텔레스는 다음과 같은 딜레마를 통해 철학하기의 필연성을 역설한다. 철학을 할 필요가 없다는 것을 증명하려면 철학을 해야 한다. 따라서 인간은 어떤 경우에도 철학을 해야 한다.

　이 책은 철학을 공부하는 학생과 철학에 흥미를 느끼는 일반인을 위한 작은 사고력 훈련 학교이다. 저자는 철학적 기본 개념인 '철학' '언어' '인식' '진리' '존재' 그리고 '선'의 세계로 독자를 안내한다. 저자는 철학의 내용·방법 그리고 철학적 요구의 문제에 대해서 알기 쉬우면서도 수준 높게 접근한다. 이 책은 철학 입문서이며, 동시에 새로운 관점에서 플라톤 철학과 분석 철학을 결합시키려고 시도하는 저자의 체계적인 사고 과정을 보여 준다.

東文選 現代新書 109

도덕에 관한 에세이

크리스티앙 로슈 外

고수현 옮김

　전쟁, 학살, 시체더미들, 멈출 줄 모르는 인간 사냥, 이보다 더 끔찍한 것은 살인자들이 살인을 자행하면서 느끼는 불온한 쾌감, 희생자가 겪는 고통 앞에서 느끼는 황홀감이다. 인간은 처벌의 공포만 사라지면 악행에서 쾌락을 얻는다.

　공민 교육이라는 구실하에 학교에서 도덕을 가르치는 것에 대해 찬성해야 할까, 반대해야 할까?

　도덕은 가르칠 수 있는 것일까? 도덕은 무엇을 근거로 세워진 것인가? 도덕의 가치를 어떻게 정의내릴 수 있을까?

　세계화라는 강요된 대세에 눌린 우리 시대, 냉혹한 자유 경제 논리에 가정이 짓밟히는 듯한 느낌이 점점 고조되는 이때에 다시금 도덕적 데카당스를 비난하는 목소리가 높아지고 있다. 물론 여기에는 파시스트적인 질서를 바라는 의심스러운 분노도 뒤섞여 있다. 또한 다른 사람들에 대한 온화한 존경심에서 우러나온 예의 범절이라는 규범적인 이상을 꿈꾸면서 금기와 도덕 규범으로 되돌아갈 것을 요구하는 사람도 있고, 교훈적인 도덕의 이름을 내세우며 강경한 억압책에 호소하는 사람들도 있다.

　하지만 어떻게 억지로, 혹은 도덕 강의로 도덕적 위기에 의해 붕괴되어 가는 가정 속에서 잘못된 삶을 사는 청소년들을 '일으켜 세울' 수 있다고 생각할 수 있는가? 도덕이라는 현대적 변명은 그 되풀이되는 시도 및 협정과 더불어, 단순히 담론적인 덕을 통해 사회 문제를 해결하지 못하는 모종의 무능력함을 몰아내고자 하는 것은 아닐까?